KBS 죽이기

BOOK
JOURNALISM

KBS 죽이기

발행일 ; 제1판 제1쇄 2023년 10월 10일
지은이 ; 정영주·오형일·홍종윤 발행인·편집인 ; 이연대
CCO ; 신아람 에디터 ; 백승민
디자인 ; 권순문 지원 ; 유지혜 고문 ; 손현우
펴낸곳 ; ㈜스리체어스 _ 서울시 중구 한강대로 416 13층
전화 ; 02 396 6266 팩스 ; 070 8627 6266
이메일 ; hello@bookjournalism.com
홈페이지 ; www.bookjournalism.com
출판등록 ; 2014년 6월 25일 제300 2014 81호
ISBN ; 979 11 93453 00 1 03300

이 책은 《방송통신연구》 113호에 실린 논문 〈공영 방송 KBS의 경영 현황과 책무 재설정: 수신료 정상화 담론과 방만 경영 담론을 넘어〉(2021)의 내용을 수정 보완한 것입니다.

BOOK
JOURNALISM

KBS 죽이기

정영주 · 오형일 · 홍종윤

; 길들여진 KBS에 미래는 없다. 공영 방송을 폐기하는 게 아니라, 고쳐 써야 한다. 독보적인 저널리즘부터 〈아침마당〉, 〈차마고도〉, 〈불멸의 이순신〉, 그리고 누구도 시도하지 못한 새로운 콘텐츠까지 KBS만 할 수 있는 방송을 위해 기준을 세우고 합의를 이뤄야 한다. 수신료를 내는 국민 모두의 일이다.

차례

월 2500원. 짜장면값은커녕 짜장면 배달값도 안 되고 커피 한 잔값도 안 된다고 하지만, 누군가에겐 한 끼 식사값이 될 수 있고 누군가에겐 없어도 그만인 돈. 2500원이 큰돈인가 작은 돈인가는 사람마다 다를 것이므로 이 돈의 무게를 일률 적으로 가늠하긴 어렵다.

우리나라 공영 방송 수신료가 월 2500원이다. 수신료 가 월 2500원이라는 것을, 그리고 전기 요금 낼 때 수신료를 같이 납부해 왔다는 사실을 아는 사람도 생각보다 많지 않다. 2023년 7월 방송법 시행령이 개정되고, 수신료를 전기 요금 과 분리하여 징수한다는 정부 발표가 있기 전까지 공영 방송 수신료는 한 번도 제대로 스포트라이트를 받아본 적이 없다.

공영 방송 수신료가 월 2500원으로 결정된 것은 1981 년이다. 전기 요금과 함께 고지하여 합산 징수를 시작한 것은 1994년이다. 이후 수십 년의 세월이 흐르는 동안 수신료 액 수에 대한 것이든, 징수 방식에 대한 것이든 수신료가 지금과 같은 관심사가 된 적은 없었다.

2023년의 수신료 분리 징수 결정은 최소한 수신료를 무대 위에 올리는 데 성공했다. 수신료가 얼마인지, 수신료를 어떻게 내고 있으며 안 낼 수 있는 방법은 무엇인지, 안 내면 어떻게 되는지를 상세하게 소개하는 기사가 넘쳐난다. 문제 는 수신료 분리 징수가 스포트라이트를 받는 동안 수신료를 근간으로 운영되는 진짜 주인공, 공영 방송이 가려져 있다는 점이다.

'KBS는 편파적이고 방만하다.' 강한 프레임 아래에서 역설적으로 한국 공영 방송의 민낯은 가려진다. 누가 공영 방송이고 공영 방송은 왜 필요한가. 이 사회가 공영 방송에 요구하는 역할은 무엇이고, 실제로 KBS는 그 역할을 잘 수행해 왔는가. 아쉬운 지점은 무엇이고 앞으로 어떻게 할 것인가. 그 누구도 묻지 않는 질문이다.

더 큰 문제는, 수신료를 내는 대다수의 사람들이 이런 문제에 무관심하다는 것이다. 수신료가 월 2500원이었는지, 전기 요금에 합산해서 내고 있었는지 크게 관심을 기울이지 않았던 것처럼 수신료가 분리 징수된다고 해도 그 의미가 무엇인지, 분리 징수가 잘된 일인지 잘못된 일인지 관심이 없다. 이는 우리 사회에서 그만큼 공영 방송의 존재감이 없다는 것을 뜻한다. 청와대와 여권이 수신료 분리 징수를 추진할 수 있던 동력 역시 이 무관심과 냉소였다.

한때 인구에 회자됐던 칼럼이 있다. 사람들은 평상시 근본적인 질문에 대해 별 관심이 없지만, 자신의 존재 규정을 위협할 만한 특이한 사태가 발생하면 새삼 근본적인 질문을 던지지 않을 수 없다는 것이다. 칼럼을 쓴 서울대학교 김영민 교수는 추석 명절에 추석이라는 걸 평계로 친척이 취직과 결혼, 출산 계획을 물으면 "추석이란 무엇인가"라고 답하고, "너 대체 결혼할 거니, 말 거니"라고 물으면 "결혼이란 무엇인가"라고 대답하라고 했다.[1] 수신료 분리 징수를 할 것인가 말 것인가. 수신료 분리 징수가 옳은 것인가 옳지 않은 것인가. 이런 질문에 우리는 다음과 같이 답해야 하지 않을까? "공영 방송이란 무엇인가." 이제 그 답을 할 때다.

1   국민이 아닌 정권과 함께

공영 방송은 정치적이다

공영 방송이란 무엇인가에 대한 얘기를 시작하기 전에, 한 가지 기억해야 할 것이 있다. 머릿속에서 KBS를 지우는 것이다. 인지언어학자 조지 레이코프는 "코끼리는 생각하지 마"라고 말하는 순간, 사람들은 코끼리를 생각하게 되고 그것이 프레임 형성의 시작이라고 했다.[2] 지금부터 "KBS는 생각하지 마"라고 얘기를 꺼냈으니, 이제 이 글을 읽는 내내 KBS를 생각하지 않을 수 없을 것이다. 그래서 단서를 붙여야 한다.

"공영 방송이 KBS라고 생각하지 마." 이 문장은 여러 가지로 해석될 수 있다. 공영 방송이 KBS와 동의어가 아니라는 것일 수도 있고, KBS가 공영 방송에 부합하는 모습을 보이지 못한다는 것일 수도 있다. KBS를 머리에서 지워야 하는 이유는 지금부터 소개할 공영 방송의 모습이 우리가 아는 KBS와 사뭇 다를 수 있기 때문이다. 공영 방송이 KBS라고 생각하는 순간, "KBS는 안 이렇던데?", "KBS가 이런 모습을 보인 적이 없는데?" 하는 생각으로 이어지고, 그러한 생각은 공영 방송 제도를 편견 없이 이해하는 데 장애물로 작동한다. 공영 방송과 KBS를 분리해서 사고하는 것이 공영 방송 논의의 출발점이다.

공영 방송은 무엇인가? 일반적으로는 소유관계가 공적이고, 재원을 공공에서 충당하며, 공공을 위한 서비스를 하는 방송을 말한다. 즉, 공공으로부터 조직을 형성하고 재원을 조달하며 그 편익도 공공에게 돌려줄 수 있어야 한다.

공영 방송 제도는 소유관계와 재원, 서비스의 차원에서 '공공성'이라는 개념과 마주한다. 그런 점에서 태생적으로 정치적이라는 점을 먼저 이야기할 필요가 있다. 제도의 속성상 여러 사회 세력들이 자신의 이해관계를 극대화하기 위해 싸우고 경쟁하고 갈등하는 장인 것이다.[3] 동시에 공영 방송은 정치권력과 시장으로부터의 독립을 강요받는다. 이 독립이라는 단어의 무게는 얼마나 강한지, 현재는 정치권과 시장을 넘어 노조, 시민 사회 등 다양한 이해관계로부터의 독립도 중요한 문제가 되었다.

그런데 곰곰이 따져보면 정치적인 것과 독립적인 것이 같이 간다는 건 애당초 불가능하다. 정치란 곧 경쟁이요 싸움인데, 어떻게 누군가와 싸우면서 그 적으로부터 무심하게 갈 수 있느냔 말이다. 이 불가능한 것의 가능성을 타진하는 이론적 개념이 있다. 바로 공영 방송 거버넌스다.

공영 방송 거버넌스

공영 방송 거버넌스란 '정부, 시장, 시민 사회 내 다양한 이해관계자들의 상호 작용을 통해 사회적 제도로서의 공영 방송을 운영하는 총체적인 방식'을 뜻한다.[4] 한국 사회에서 공영 방송 거버넌스는 흔히 '공영 방송 지배 구조' 문제를 중심으로 논의되어 왔다. 공영 방송 감독·집행 기구의 구성 및 운영, 즉 이사회와 사장 선임에 천착해 온 것이다. 이게 공영 방송의 미래를 논할 때 충분하지 않다는 문제의식이 있었고, 좀 더 포괄적으로 공영 방송 거버넌스를 논해야 한다는 주장도 있었다. 즉, 정부와 정당, 기업, 사회단체, 시민 사회를 포함한 다양한 이해관계자들이 공영 방송의 특정 목표를 공유하고, 의무와 권한을 행사하는 폭넓은 맥락에서 거버넌스를 사고해야 한다는 것이다. 이런 문제의식에는 감독 기구와 집행 기구에만 초점을 맞춘 공영 방송 거버넌스 논의가 KBS 이사회 구성과 사장 임면을 둘러싼 정치권력 간 갈등, 정권이 바뀔 때마다 불거지는 공정성과 편파성 논란, 갈등과 논란의 반복 재생산 구도 속에 공영 방송에 대한 사회적 불신 증폭이라는 악순환을 불러일으키기 때문이었다.

　　여기서 잠깐, 공영 방송 거버넌스에 있어 중심에 서 있는 KBS 이사회에 대해 잠깐 살펴보자. KBS 이사회는 공사의 '독립성과 공공성을 보장'하기 위한 최고 의결 기관[5]이다. KBS 이사회는 11명으로 구성되는데, 여권 추천 7인과 야권 추천 4인으로 구성되는 비공식 관행이 계속 이어져 오고 있다. 여야 7:4의 구성 방식에 대한 법적 근거는 어디에도 존재하지 않는다. KBS 사장은 이사회의 제청으로 대통령이 임명

한다. 여야 7:4 구도의 이사회는 집권 정당의 의지만 있으면 친정부 인사가 사장으로 선임될 수 있는 배경으로 작동한다. 이사회가 자신을 추천한 여야의 입장을 대변하고 정치적 영향력을 미치는 통로가 되는 것이다.

KBS 이사회를 선임하는 외부 규제 기관 방송통신위원회와 국회 역시 정파성을 띠는 것은 마찬가지다. 방송통신위원회 위원 5명은 여야 3:2의 비율로 구성되며, 국회는 대통령과 여야의 정파적 대립 구도를 반영한다. 공영 방송 이사진과 사장 임명 과정은 대통령-정부·여당-국회-방송통신위원회-이사회-사장으로 이어지는 한국 정치의 축소판인 것이다. 정치권으로부터 자유롭지 않은 공영 방송 이사진과 사장 임명 과정은 오랫동안 논란과 비판의 대상이 되어 왔고 이를 개선하기 위한 논의도 많았지만, 여야의 정치적 득실 계산이 반복되면서 현실화되지 못했다.

실제로 2000년 통합방송법이 제정된 이후 KBS와 관련한 법률 발의안 중 가장 많은 비중을 차지하는 것은 이사회와 집행 기관, 즉 사장 선임에 대한 것이었다. 국회 논의는 매번 여당과 야당 간의 힘겨루기 양상으로 흘러갔다. 여야가 유사한 내용의 법률안을 반복적으로 발의해 놓고 야당은 집권 정당의 영향력 행사를 막기 위한, 여당은 영향력을 유지하기 위한 싸움을 해온 것이다.[6]

정치에 흔들리는 KBS 인사

국회에서 관련 법안이 공전하는 사이, 대통령과 집권 여당은 KBS 이사회와 사장 선임에 지속적으로 영향력을 행사해 왔다. KBS의 경영 최고 책임자 지위는 영국 BBC나 일본 NHK에 비해 정치적으로 취약하다.[7] 1973년 이후 새로운 정부가 출범한 뒤 8개월 이내에 KBS 사장이 교체되는 빈도는 78퍼센트에 달한 반면, BBC는 이런 사례가 없었으며 NHK의 경우 일본 총리가 바뀐 뒤 8개월 이내에 교체된 회장은 전임자의 임기가 종료한 사례 외에는 사실상 없었다. KBS 사장의 평균 재임 기간은 33.4개월로, BBC 67.6개월의 절반에도 미치지 못했고, NHK 45.3개월보다도 1년 정도 짧았다. BBC와 NHK 경영 최고 책임자의 재임 기간은 각국의 총리 재임 기간보다 길었다.

이 때문에 한국에선 정권이 바뀌면 공영 방송 사장도 바뀌어야 한다는 인식이 있다.[8] 공영방송 사장 교체 방식에는 몇 가지 유형이 있다. 정권 변화 이후 일정 기간 사장의 임기가 남아 있음에도 사의를 표명하고 자진 사퇴하거나, 정권 차원에서 공영 방송을 국정 철학 운영의 수단으로 인식하여 강제 해임하거나, 정권 변화를 전후하여 노동조합 등 KBS 내부의 불만이 제기되면서 해임되거나 사퇴하는 유형 등이다. 이 모두는 결국 공영 방송이 정치적으로 취약하다는 걸 보여 준다. 특히 정권 변화 후 사장 해임 과정에서 여야 7:4로 구성된 이사회의 의결 정족수 변화를 위해 방송통신위원회가 야권 추천 이사를 무리하게 해임하는 방식이 이용되면서 정부·여당-방송통신위원회-공영 방송으로 이어지는 정치 병행성이 반복적으로, 적나라하게 드러나고 있는 실정이다.

2008년 7월, 이명박 정부에서 출범한 방송통신위원회는 KBS의 구 여권 추천 인사인 신태섭 교수를 해임했다. 신 교수는 학교의 허락 없이 KBS 이사를 겸직했다는 이유로 동의대학교로부터 해임 통보를 받았고, 방송통신위원회는 국가 공무원법에 따른 결격 사유에 해당한다는 이유로 신 교수의 KBS 이사 자격을 박탈했다. 신 교수는 동의대를 상대로 해임 무효 확인 청구 소송을 냈고, 대법원은 2009년 11월 학교 측의 해임이 부당하다는 원심을 최종 확정했다.

2017년 12월, 문재인 정부 방송통신위원회는 KBS의 구 여권 추천 인사인 강규형 이사를 업무 추진비 유용과 KBS 이사 품위 훼손 등을 이유로 해임했다. 강규형 전 이사는 해임에 불복하여 해임 처분 취소 소송을 제기했으며, 2021년 9월 대법원은 해임이 부당하다고 확정했다.

2023년 7월, 윤석열 정부 방송통신위원회는 KBS의 구 여권 추천 인사인 윤석년 이사를 해임했다. 해임 사유는 TV조선 재승인 심사 위법 행위 혐의로 구속 기소돼 KBS의 명예를 실추시키고 국민의 신뢰를 저하했다는 것이다. 2023년 8월에는 구 여권 추천 인사인 남영진 이사장에 대한 해임을 의결했다. 방송통신위원회는 법인 카드 의혹, 구속된 이사의 해임 건의안이 이사회에서 부결된 책임, 경영 평가 부당 개입, 방만 경영 방치 등을 해임 사유로 밝혔다. 이후 여야 6:5로 재편된 KBS 이사회는 김의철 사장의 해임을 의결했다. 해임 사유는 무능 방만 경영으로 인한 심각한 경영 위기 초래, 불공정 편파 방송으로 인한 대국민 신뢰 상실, 수신료 분리 징수 관련 직무 유기와 리더십 상실, 편향된 인사로 인한 공적 책임 위반, 취임 당시 공약 불이행으로 인한 대내외 신뢰 상실, 법률과 규정에 위반된 임명 동의 대상 확대 및 고용 안정 위원회 설치 등이다.

정권 교체 후 여야가 바뀌면 구 여권 추천 인사를 해임하는 방식으로 KBS 이사회의 구성을 변경하고, 재편된 이사회가 사장을 해임하는 행태가 이제껏 반복되어 온 것이다.

공영 방송 이사회 구성과 사장 선임 결과는 정권 변화에 따라 공정 보도 논란, 편파성 시비로 이어질 수밖에 없다. 공영 방송에 제기되는 불공정 보도 논란은 공영 방송의 오랜 과제다. 그러나 한편으로 최고 의결 기구인 이사회와 사장 선임 자체가 정치적으로 이루어지는 상황에서, 어떻게 공영 방송이 공정성을 담보할 수 있는가에 대한 반문도 필요하다.

기존 이사회 구조는 정치적 후견주의와 승자 독식 문화가 작동하는 정치 환경을 바탕으로 하며, 그 한계를 극복하기가 쉽지 않다. 이러한 관점에서 공영 방송 이사회 구성과 운영에 시민의 참여를 확대하는, 이른바 시민 이사제나 시청자 위원회에 더 많은 대의적 기능을 부여하는 안도 제안되고 있다.[9] 공영 방송 제도가 공영 방송답게 재정립되려면, 이사회와 사장 선임에 있어서 대통령-정부·여당-국회-방송통신위원회-이사장-사장으로 연결되는 정치적 연결 고리를 끊어내야 한다. 여기에는 법 제도 개선도 필요하지만 거버넌스의 전면적인 재설계도 동반돼야 한다. 공영 방송은 이사회와 사장 중심의 거버넌스를 넘어서 정부, 시장, 시민 사회 내 다양한 이해관계자들의 상호 작용을 통해 운영되는 사회적 제도여야 한다. 그러나 이 역시 이념, 지역, 세대 간 격차와 분화가 커져가는 한국 사회에서 얼마나 현실성이 있을지는 미지수다. 오히려 공영 방송을 좀 더 격화된 이념 전쟁의 공간으로 만들 가능성을 배제할 수 없는 것이다.

현실로 나온 수신료 논쟁

공영 방송의 재원을 공적 재원으로 해야 한다는 것의 이면에는 광고나 상업적 활동을 공영 방송의 주된 재원으로 할 때 시청률 경쟁과 시장 경쟁에 내몰림으로써 공적 서비스가 제대로 구현되지 못할 것이라는 우려가 섞여 있다. 공적 재원에 해당하는 대표적인 것이 세금과 수신료다. 세금의 경우 정부가 예산 및 집행 계획을 수립하는 단계에서 공영 방송에 투여될 세금의 규모를 결정하고 직간접적인 영향력을 행사할 수 있다는 점에서 우려가 제기된다. 시장의 영향력보다 더 무서운 것이 정치권력의 영향력이기 때문이다. 그런 맥락에서 수신료는 시민이 그 재원을 부담하고, 재원의 담지자로서 공영 방송 운영을 감시·견제하며 공영 방송이 공적 책무를 다하도록 견인할 수 있는 물적 토대가 된다는 점에서 바람직한 공영 방송 재원의 양태로 간주되어 왔다.

수신료는 세금이 아니다. 공영 방송 사업이라는 특정한 공익사업의 소요 경비를 충당하기 위한 특별 부담금으로, 일반 재정 수입을 목적으로 하는 조세와 그 목적과 성격이 다르다.[10] 또, 텔레비전 방송을 수신하기 위해 수상기를 소지한 자에게만 부과되어 일반 국민·주민을 대상으로 하는 조세와 차이가 있다. '한국방송공사의 텔레비전 방송을 수신하는 자'가 아니라, '텔레비전 방송을 수신하기 위해 수상기를 소지하는 자'가 부과 대상이므로 실제 방송 시청 여부와 관계없이 부과되고 방송 수신 빈도와 관계없이 정액으로 정해져 있다는 점에서 공영 방송 서비스에 대한 대가나 수익자 부담금으로 보기도 어렵다. 수신료는 공영 방송이 국가나 각종 이익 단체에 재정적으로 종속되는 것을 방지할 뿐만 아니라 공영 방송 스스로 국민을 위한 다양한 프로그램을 자기 책임하에 형성할 수 있는 계기를 제공하는 효과적이고 적절한 수단이다. 따라서 수신료가 공영 방송의 독립성 및 중립성 확보를 위해 가장 유효한 재원이라는 것이 지금까지 이어져 내려오는 암묵적, 명시적 사회적 합의였다.[11]

공영 방송 재원으로서 수신료가 갖는 의미는 적지 않지만, 시민이 납부하는 돈이라는 점에서 수신료와 관련한 문제들은 특정 국면에서 난제가 되기도 한다. 이 특정 국면이란 대부분 수신료 액수에 변화를 시도할 때였다.

사실 40년 가까이 수상기를 보유한 모든 가구에 일괄적으로 2500원의 월정액을 부과해 왔다는 것은 이 금액이 한국 사회에서 큰 저항이나 거부를 불러일으키지 않을 수준이었단 걸 의미한다. 그러나 수신료가 자발적 선택에 의한 지불이 아닌 이상, 수신료 상승에 대한 논의가 있으면 이야기는 달라질 수밖에 없다. 수신료 액수의 적정 수준이 얼마인지, KBS가 그만큼의 가치를 수행해 왔고 수행할 것인지에 대한 지극히 회의적인 질문이 동반되기 시작하는 것이다.

공영 방송이 행하는 여러 서비스에 대한 평가는 다분히 모호하다. 그뿐만 아니라 우리나라의 수신료는 공영 방송이 지는 공적 책임의 내용과 범위에 근거해 산정된 것도 아니고 지난 수십 년간 과도한 정치성에 짓눌려 2500원에 박제된 상태다. 이 국면이 되면 수신료는 그냥 뜨거운 정치적 쟁점이 될 뿐이다.

지난 2023년 3월, 수신료 문제는 정치적 쟁점을 넘어 현실이 된다. 정부가 수신료와 전기 요금의 분리 징수를 추진한 것이다. 전기 요금과 합산 부과되는 수신료 분리 징수 법안은 과거에도 다수 발의되었다. 수신료 분리 징수 법안은 16대 국회부터 등장했는데, 모두 야당 의원에 의한 발의였다는 특징을 보인다. 20대 국회에서는 처음으로 수신료 제도를 폐지하고 광고로 재원을 충당하는 법안도 발의됐다. 발의는 발의일 뿐, 실제로 국회에서 수신료와 관련하여 유의미한 제도적 변화를 이룬 적은 단 한 번도 없고, 그 사이 정부는 2023년 7월 방송법 시행령을 개정해 수신료 제도의 취지, 근간을 뿌리째 흔드는 분리 징수를 추진한다. 이례적이라면 이례적이고, 웃프다면 웃프다고 할 수 있는 이것이 수신료와 관련하여 국가가 시행한 거의 최초의 제도적 변화라 하겠다.

과거의 수신료 인상 논쟁

주지하다시피, 현재 공영 방송 수신료 금액은 1981년 결정된 월 2500원에서 동결되어 왔다. 2000년대 이후 KBS는 2007년과 2010년, 2014년, 2021년 등 네 차례에 걸쳐 수신료 인상을 시도했지만 번번이 좌절됐다. 네 차례 모두 주무 기관인 방송통신위원회가 수신료 인상이 필요하다는 의견을 국회에 제출했지만 최종 국회 승인 절차를 넘지 못했다. 그 원인은 복합적이었지만, 수신료 인상 논의의 지형이 항상 여야 간 정치 공방의 한가운데에 자리 잡은 것이 큰 이유였다. KBS의 매출, 비용, 성과 등 실질적 경영 상황에 대한 판단에 근거하기보다는 우리 사회 공영 방송 제도에 내재한 정치 병행성과 맞물려 정치적 공방의 연장선에서 논의가 이루어져 왔던 것이다. 공영 방송 지배 구조의 정치성으로 인해 방송 내용의 불공정성과 정치적 편향성에 대한 논란이 끊임없이 재생산됐고, 이는 수신료 인상을 두고 여야 간, 진보-보수 세력 간 찬반 입장으로 이어져 힘겨루기 양상으로 재연되었다.

수신료 인상 문제는 공영 방송 지배 구조 문제와 맞물려서 '선先 공영 방송 개혁, 후後 수신료 인상' 주장과 '선 수신료 인상, 후 공영 방송 개혁' 주장이 평행선을 그리며 대립해 왔다. 여야가 바뀔 때마다 주장의 진영은 쉽게 뒤바뀌었다.

수신료 인상을 찬성하는 입장은 수신료 인상을 통해 공영 방송의 안정적 재원을 확보함으로써 공영성을 강화하고 디지털 전환 등 변화하는 미디어 환경에 대응할 수 있도록 해야 한다는 논리에 기반한다. 수신료 인상 이후에 광고를 축소하거나 폐지하고, EBS에 대한 재원 배분 확대나 정치적 독립

성 및 공정성 확보 등 개혁을 요구해야 한다는 것이다.[12]

반면, 수신료 인상을 반대하는 입장은 KBS 이사회 구성과 사장 임명에서부터 비롯되는 지배 구조의 한계로 인해 공영 방송이 정권의 영향력에서 자유롭지 못하며, 이것이 방송의 불공정성과 방만 경영을 낳는 원인이라고 파악한다. 따라서 방만 경영을 개선하기 위한 구조 조정이나 경영 혁신이 선결되어야 수신료 인상이 가능하다고 주장한다. 고위직이 많은 인력 구조, 비용 중 인건비가 차지하는 비중이 높다는 점, 과도한 복리 후생 관련 예산 등이 방만 경영의 대표적 사례에 해당한다.[13]

수신료 인상을 둘러싼 논쟁은 정치적 논쟁의 매개 차원에서 이루어져 온 측면이 강하다. 적정 수신료 재원의 규모가 어느 정도이고 어떻게 확보할 것인지, 어떻게 경영을 개선할 것인지에 대한 진지한 논의는 이루어지지 않은 채 동어 반복적인 경우가 대부분이었다. 그리고 수신료에 대한 대중의 반감은 엄밀하게 말하면 공영 방송이 수행하는 여러 공적 서비스에 대한 대단히 모호하고 주관적인 판단, 공공 영역은 민간 영역보다 방만하고 비효율적이라는 우리 사회의 전반적인 인식, 무엇보다 공동체주의보다 시장주의를 추동하는 우리 사회의 풍토와도 상당히 맞물려 있다.

수신료 산정 규범과 현실

현행 수신료 산정 방식은 KBS 이사회가 심의·의결한 후 방송통신위원회를 거쳐 국회의 승인을 얻어 확정된다. 통합방송법 제정으로 폐지된, KBS에 대한 독자적인 법이던 한국방송공사법에서는 수신료 액수를 KBS가 결정하고 공보처 장관의 승인을 얻도록 규정하고 있었다. 이에 대해 헌법재판소는 수신료의 결정 행위는 그 금액의 다과를 불문하고 수많은 국민의 이해관계에 직접 관련되는 사안이므로 입법자인 국회가 스스로 결정해야 할 사항이라고 지적하며, 해당 조항이 헌법에 불합치한다고 결정했다.[14] 공사가 전적으로 수신료 액수를 결정할 수 있게 되면 공영 방송 사업에 필요한 정도를 넘는 금액으로 정할 수 있고, 국민의 경제적 이해관계가 무시당할 수 있다는 것이다. 수신료 액수 결정에 관해 공보처 장관의 승인을 얻도록 하는 것은 행정 기관에 의한 방송 통제 내지 영향력 행사를 초래할 위험을 내포하는 것도 헌법 불합치의 주된 이유였다. 이러한 점을 감안하여 헌법재판소는 국민의 대의 기관인 국회에서 공사의 책무를 수행할 수 있는 적정 규모의 수신료를 산정해야 한다고 봤다. 이 경우에도 입법자는 자의적 판단으로 수신료를 결정하는 것이 아니다. 공사의 기능이 제대로 수행될 수 있으며 방송 프로그램에 관한 자율성이 보장될 수 있도록 적정한 규모의 수신료를 책정해야 한다. 또한 공사에게 보장된 방송의 자유를 위축시킬 정도의 금액으로 수신료를 결정해서는 안 된다고 강조했다.

그러나 규범과 현실 사이에는 너무도 큰 간극이 있다. 국회는 공영 방송의 역할과 공적 책무 수행에 필요한 적정 재원을 산정하고 논의하기보다는 여야 간 정쟁의 수단으로 수신료를 활용해 왔다. 예를 들어 2014년 5월 국회에 제출된 수신료 인상 승인안은 안건 상정의 전제 조건으로 방송의 공정성 보장을 위한 제도 개선 논의와 연계되었다. 야당 측은 수신료 인상에 반대하지 않는다고 하면서 대신 전제 조건으로 KBS 지배 구조 개선을 다룬 방송법 개정안들을 처리해야 한다고 주장했다.[15]

국회의 승인 절차로 인해 수신료 논의가 정상적으로 이뤄지지 못하는 일이 반복되자, 공영 방송 수신료 관련 법 개정안도 다수 발의됐다. 대표적인 것이 공영 방송 수신료 산정 및 징수를 담당하는 수신료 산정 위원회 신설 법안이다.[16] 그러나 KBS는 수신료 산정 위원회가 이사회의 고유 권한을 침해할 우려가 있으며, 동일 내용에 대해서 두 기관의 의견이 다를 경우 공영 방송 정책에 혼란이 불가피하다는 점을 들어 반대 의견을 밝힌 바 있다.[17]

정쟁이 되어버린 수신료 논쟁

이러한 논의 과정은 우리 사회에서 수신료 관련 논의의 위치를 보여 준다. 수신료 논의는 공영 방송의 독립성 구현을 위한 구조 차원의 문제로 고려되는 것이 아니라, 지배 구조와 관련한 정쟁 도구가 되고 수신료를 승인하는 국회의 영향력을 확인하는 기제가 되고 있다. 수신료 재원의 본질은 공영 방송에 어떤 역할과 책무를 부여할 것이며, 그 역할과 책무 수행을 위해 얼마만큼의 재원이 필요할 것인가를 결정하는 사회적 논의 과정이다. 그러나 국회는 본질에 한 발짝도 다가가지 못한 채 정치적 영향력을 온존하려는 정당의 이해관계를 중심으로 공전을 거듭했을 뿐이다.

공영 방송 거버넌스와 수신료 산정 모두 구체적인 개선 방안이 없어서가 아니라 합의할 수 있는 개선 방안을 두고도 여야 간 정치적 득실 계산이 반복되면서 법 개정에 이르지 못하는 결과로 이어졌다. 정권 교체와 맞물리는 끊임없는 입법 공방의 교대 과정은 이 사안이 형식적 법 조항의 문제가 아니라 실질적으로 이를 운영하고 실행하는 주체들의 문제임을 보여 준다. 어떤 법 제도도 그 자체로 완결성을 지니지는 못한다. 결국 공영 방송의 정파성을 비판하면서 그 자신이 정파성의 산파 역할을 하고 있는 국회의 변화가 수반되지 않는 이상 앞으로도 입법 딜레마는 지속될 것이라 예상할 수 있다.

정치 논쟁에 가려진 KBS의 책무와 평가

지금까지 살펴본 것처럼 한국의 공영 방송 제도는 이사회와 사장으로 대표되는 거버넌스 구조와 공적 재원으로서 수신료에 대해 과잉 정치화된 논쟁으로 점철되어 왔다. 이 과정에서 우리 사회의 공영 방송이 어떤 역할을 해야 하는지, 그 역할을 다하고 있는지를 어떻게 평가할 것인지에 대한 논의 역시 거의 이루어지지 않았다.

KBS의 공적 책임

방송법 제44조에 명시된 공사의 공적 책임은 모든 방송 사업자에게 공통으로 요구되는 내용과 차별적이지 않을 뿐 아니라 추상적이며 선언적이다. 공영 방송이 여타 방송 사업자와 차별적인 역할을 수행한다면, 공영 방송의 차별적 책무에 대한 논의도 이루어져야 한다. 그러나 현실에서 이것이 어떤 서비스 형태로 구현되어야 하는지에 대한 논의는 거의 이루어지지 않았다. 차별적인 공적 책임과 범위가 구체적으로 제시되지 않다 보니 업무 수행 결과에 대한 평가, 업무 수행에 요구되는 재원의 조달 등에 대한 논의 역시 부실할 수밖에 없었다.

어떻게 평가할 것인가

공영 방송의 차별적 책무에 대한 평가 역시 여타 방송 사업자의 평가 기준과는 달라야 한다. 현행 방송법에 명시된 방송 사업자 평가 방식 중 KBS에만 요구되는 것은 경영 평가와 시청자불만처리위원회 설치뿐이다. KBS 경영 평가 및 공표는 방송법 제49조에 열거된 이사회의 기능 중 하나로, 시청자불만처리위원회는 방송법 제54조 KBS의 업무 중 하나로 명시되어 있다.

KBS가 차별화된 자기 평가 제도로서 자체 시행하고 있는 경영 평가는 공영 방송의 책무 수행 결과를 구체적으로 점검하기에는 부족한 점이 많다. 우선 이사회가 경영 평가단을 구성함으로써 객관적 평가를 하기 어렵다. 매년 경영 평가단이 새로 구성되기 때문에 법정 경영 평가 항목에 대한 세부 평가 항목 등도 자주 변동된다. 추상적 원리와 규범에 따라 평가 지표를 수립하면서 결과보다는 과정을 중심으로 평가가 이뤄지고, 계량화된 지수보다는 정성적인 서술 형태로 제시되어 경영의 성패를 분명하게 보여 주지도 못한다.[18] 또한 경영 평가의 결과에 대한 책임이나 성과급 또는 인사 고과에 반영하는 환류 체계가 마련돼 있지 않아 경영 평가의 실효성을 기대할 수도 없다.[19] 현행 법령상에도 경영 평가 시행과 공표에 관한 규정만 있을 뿐 경영 평가의 성과를 반영할 수 있는 내용은 명시되어 있지 않다. 공영 방송 사장이 경영 성과에 대해 책임진다고 법에 명시되어 있지만[20], 어떻게 책임을 질 것

현행 방송법상 방송 사업자 채무 평가 방식

구분	명칭	내용	근거
규제 기관 평가/심사	재허가 심사	5년마다 방송통신위원회로부터 방송 면허를 재허가 받는 과정상의 평가	방송법 제17조 방송법 제10조
	방송평가제도	방송통신위원회의 방송프로그램 내용 및 편성과 운영 등에 관한 종합적인 평가	방송법 제31조 방송법 제17조3항1호
	방송심의	방송통신심의위원회가 수행하는 방송의 공정성 및 공공성 유지 여부, 공적 책임 준수 여부에 대한 사후심의	방송법 제32조
	금지사항 준수	일반 국민의 보편적 시청권을 보장하기 위하여 대통령령에서 정하는 금지행위 등 준수 사항을 이행	방송법 제76조의3
내부 기구 운영/윤리 규정	자율심의기구	자체적으로 방송프로그램을 심의할 수 있는 기구를 설치	방송법 제86조
	방송편성규약	제작의 자율성을 보장하기 위해 취재 및 제작 종사자의 의견을 들어 방송편성규약을 제정, 공표	방송법 제4조
	시청자위원회	시청자의 권익을 보호하기 위하여 시청자위원회 설치	방송법 제87조
시청자 참여	시청자평가프로그램	시청자 의견을 수렴하여 시청자 프로그램을 편성	방송법 제89조
	시청자불만처리위원회	시청자 의견의 수렴·분반처리 및 청원사항을 효율적으로 수행	방송법 제54조
자기 평가/정보 공표	경영평가/경영평가의 공표	당해 연도 경영실적 및 성과에 대한 평가 경영평가 결과의 공표	방송법 제49조 시행령 제33조
	연차보고서	매년 공영 방송의 경영과 콘텐츠, 기술 등 전반적인 영역별 현황을 공표	강제사항 아님

* 방송통신위원회, 〈중장기 방송제도개선 추진반 정책제안서〉, 2020, 49쪽.

인지에 대한 방법은 언급되어 있지 않다. 이런 문제들은 공영 방송의 경영 평가가 형식적으로 진행되고 있을 가능성을 보여 준다.[21]

현행 방송법에서 방송 사업자에 대한 가장 광범위한 평가가 이뤄지는 것은 매년 시행하는 방송 평가와 최대 5년 내를 유효 기간으로 하는 재허가 심사라 할 수 있다. 그러나 현행 방송 평가와 재허가 제도는 타 지상파 방송사와 차별적으로 공영 방송에 요구되는 역할과 책임이 무엇인지 명시하고 있지 않다. 공영 방송이 자신의 공적 목적에 복무하며 창의적이고 자율적인 사업을 수행하고자 하는 유인을 제공하지도 못한다. 결국 방송 평가와 재허가 제도는 법에 명시된 최소한의 규제 내용을 준수하고 방송 평가 항목을 중심으로 사업을 운영하면서 성과에 대한 보상도, 미달에 대한 페널티도 부재한 채 현상을 유지하는 데 활용될 뿐 공영 방송의 차별성과 정당성을 확보하는 기제로 작동하지 않는다.

현행 공영 방송 평가 제도는 경영의 투명성을 확보하는 데도 역부족이다. 수신료로 운영되는 공영 방송의 특성상 주된 평가의 대상은 예결산에 맞춰 이루어진다. 그러나 예산의 경우 방송통신위원회에 제출해야 하는 의무만 있을 뿐 국회나 시민 사회에 공개가 의무화되어 있지 않다. 방송통신위원회가 예산에 대한 관리 감독 역할을 할 수 있는 근거도 마련되어 있지 않다. 감사원 검사와 국회 승인을 받아야 하는 KBS 결산 심사는 공영 방송 활동 영역에 부합하는 적절한 집행이 었는지 평가하기보다는 여야 간 정치적 공방의 장으로 활용된다.[22] 요컨대, 공영 방송은 투명하고 효과적인 경영을 해야할 책임이 있지만, 이를 어떤 방식으로 어떻게 심사할 수 있는지는 혼란스러운 상황이다.

시민에게 다가가기 위한 설명 책임

공영 방송이 제대로 자신의 역할을 다하고 있는가를 평가하기 위한 법 제도 개선은 필요하다. 하지만 무엇보다 우선시되어야 하는 것은 공영 방송 스스로 자신의 설명 책임을 수행하는 것이다. 공영 방송은 정부와 국회가 아닌, 수신료를 부담하는 시민을 대상으로 자신에게 부여된 공적 책무의 내용을 설명하고, 그 결과를 자체 평가하여 투명하게 공개해야 한다. 재원의 사용에 대해서도 마찬가지다. 재원을 얼마나 효율적으로, 효과적으로 관리했는지 자체적으로 평가하고 투명하게 공개해야 한다.

공영 방송은 끊임없이 자신의 공적 책무 이행 결과를 수신료 납부자인 시민에게 공개해야 한다. 성과와 함께 부족한 부분에 대한 설명과 설득, 개선 계획 제시도 필요하다. 이러한 설명 책임을 제도화할 필요가 있다. 상시적인 시민과의 소통 창구 마련, 시청자 불만 처리 결과와 시청자 의견에 대한 공식적·공개적 답변, 정기적인 문서 공표 등의 형태로 가능하다.

설명 책임을 이행함으로써 공영 방송은 가장 중요한 운영 원칙을 실현할 수 있다. 시청자와의 관계를 형성하고 시민 참여를 구현하며, 투명하고 개방적으로 운영하는 것이다. 공적 책임과 관련된 모든 활동과 영역에서 계획을 밝힘으로써, 공영 방송은 사회적 감시를 자초하고 내부 동력을 견인할 수 있다. 발표한 계획에 대해서는 반드시 그 성과를 평가하고 공개함으로써 공중의 신뢰성을 획득해야 한다. 이런 방향으로 공영 방송을 재설계할 때, 정권이 아닌 국민과 함께하는 공영 방송으로 자신의 필요성을 입증할 수 있다.

공영 방송에 필요한 것

우리 사회의 공영 방송 제도는 허약한 법적 토대 위에 강고한 정치 병행성의 전장이 되면서 그 본연의 모습을 제대로 갖추지 못하고 모래 위의 성처럼 위태롭게 유지되어 왔다. 이러한 생존은 지상파 방송 몇 개 채널만 있었던 시대에는 가능했지만, 수백 개의 실시간 방송 채널과 무한대의 영상 콘텐츠가 존재하는 지금과 같은 미디어 환경에서는 불가능하다.

그럼에도 불구하고 공영 방송이 필요하다는 정당성을

인정받기 위해서는 어떤 방송이나 미디어 서비스와도 다른 공영 방송만의 차별적 책임과 역할이 있어야 한다. 그것은 모든 정치권력과 자본 권력으로부터 독립적인 독보적 저널리즘일 수도 있고, 누구도 제공할 수 없는 독창적이며 전문적이면서도 재밌고 유익한 콘텐츠일 수도 있다. 장애인과 소수자, 지역과 세대를 아우르는 문화적 구심점 역할일 수도 있다. 혹은 언제 어디서나 어떤 기기를 통해서라도 접할 수 있는 신속 정확한 재난·재해 정보일 수도 있다.

공영 방송은 내가 시청하지 않아도 그 존재 가치를 인정할 수 있고, 남이 시청하면 나와 사회에 이롭다고 생각할 수 있는 방송[23]이어야 한다. 공영 방송의 필요성에 대한 합의가 이뤄진 후에도 과제는 많다. 우리 사회가 필요로 하는 공영 방송의 공적 책무에 대해 구체적으로 설정하고, 직무 이행에 적절한 재원 규모 및 조달 방식을 결정하며, 성과 평가와 환류에 이르는 과정을 총괄하는 전반적인 공영 방송 제도 개편이 필요한 상황이다.[24] 문제는 변화한 미디어 환경에서 공영 방송 제도에 대한 근원적 논의를 시작하기도 전에 수신료 분리 징수라는 큰 변화부터 닥쳤다는 것이다.

애증의 KBS

지금까지 살펴본 한국의 공영 방송 제도를 둘러싼 이야기를 단 한 단어로 표현하자면 과잉 정치화다. 그러다 보니 정작 한국의 공영 방송이 현재 어떤 모습인지를 제대로 보여주는 이야기가 없고, 비판의 논거 역시 허술하기 짝이 없다. 가령 현재 시점에서, 수신료 분리 징수 국면과 관련하여 KBS를 둘러싼 비판의 핵심에는 이런 문장이 새겨져 있다. "일도 안 하면서 연봉은 1억이 넘고, 수신료까지 받는다고?", "그렇게 편파 방송을 하면서 수신료를 받겠다고?"

방만 경영과 편파 방송. 한국의 공영 방송, KBS, 수신료 논의가 진행될 때마다 지겹게 반복 재생산되던 문구다. 이 새롭지도 않은 오래된 문장은 얼마나 유효할까? 현재로선 이런 질문도 무의미하다. 팩트보다는 여론의 판단과 인식이 더 중요하기 때문이다. 연봉 1억 프레임과 편파 방송 프레임은 한국 공영 방송과 관련된 모든 이야기를 블랙홀처럼 흡수해 버린다. 설사 KBS 종사자 중 누군가 '그게 전부는 아니야!'라고 외쳐도 그 외침은 공허할 뿐이고 누구도 믿지 않으며, 사실 중요하지도 않다.

우려되는 것은 이 프레임이 KBS 내부뿐만 아니라 공영 방송 시스템에 결코 긍정적으로 작동하지 않을 것이라는 점이다. "연봉 1억 프레임은 공영 방송을 게토화하겠다는 구조 조정 신호탄이 아닐까?", "편파 방송 프레임은 보수와 진보의 극단적 갈등 구조에서 권력을 쥔 지형에 유리한 방송, 그리하여 정치권력을 쥔 자가 공정하다고 인식하는 방송으로 유도하는 게 아닐까?" 이런 질문이 들기 때문이다. 이런 상황에서 공영 방송 종사자들이 이 위기를 지혜롭게 넘길 것이라고 낙관하기도 쉽지 않다. 공영 방송을 둘러싼 학계나 시민 사회의 상황 역시 다르지 않다.

격해지는 이념 간 갈등, 서로의 서로를 향한 혐오와 조롱과 비난의 언어, 파편화된 이해관계, 점점 더 엷어지는 공동체주의 등 한국 사회의 문제는 공영 방송을 둘러싼 동심원에서도 그대로 나타나고 있다. 무엇보다 문제인 것은 공영 방송을 둘러싼 내부의 무력감과 외부의 냉소다. 그래서 KBS에 대한 이야기를 쓴다는 것은 참 지루하고도 피곤한 일이기도 하다. 그런데 지루하고 피곤하다고 그냥 넘어가기에는 목에 탁 걸리는 게 있다. 공영 방송 시스템이 무력화되면 뭐가 좋아지고, 누가 이익을 얻는 걸까?

우리는 기본적으로 공영 방송 시스템이 없는 것보다 있는 것이, 유명무실한 것보다 제대로 기능하는 게 우리 사회에 긍정적인 영향을 미친다고 믿는다. 그렇다면 자연스럽게 이런 질문을 하게 된다. 이 현실에서 뭘 해야 할까?

사실 잘 모르겠다. 모를 때는 일단 싸움터의 공간, 애증의 공간 KBS를 제대로 관찰해 보는 게 필요하다. 가장 솔직한 건 돈이다. 경영의 관점에서 10년 정도 KBS를 관찰하면, 어쩌면 뻔할 수도 있지만 나름의 대안들을 건져 낼 수 있지 않을까? 이것이 지금부터 이 장에서 하게 될 이야기의 기본적인 문제의식이다.

변하지 않는 숫자 1조 5000억

지난 10년 KBS 예산서, 결산서를 들추다 보면 자주 만나는 숫자가 있다. 1조 5000억.

2013년부터 2022년까지 지난 10년간 KBS의 연간 예산서와 결산서에 나와 있는 숫자는 늘 신기하게도 1조 5000억 원에 수렴한다. 비용과 수익도 1조 5000억 원, 목표치인 예산과 결과치인 결산도 1조 5000억 원. 놀랍지 않은가? 한국 사회의 변화 속도, 모바일, 인터넷, IPTV, OTT 등 숨 가쁘게 변화해 온 미디어 생태계의 변화를 감안할 때 이 고정된 숫자는 그 자체로 미스터리다. 세상이 어떻게 변해도 KBS를 따라다니는 숫자는 '1조 5000억'을 공전하고 있다.

1조 5000억의 내면을 살피기 전에 그사이 KBS를 둘러싼 세상의 변화가 어느 정도였는지를 살펴보자. 10년이면 강산도 변한다는데, 돈의 관점에서 주변을 보면 일단 국내 총생산량GDP이 보인다. GDP는 실질적으로 지난 10년 사이 26퍼

2013~2022년 연간 총수입 vs 총비용 평균

2013~2022년	총수입	총비용
예산 (목표치)	15,727	15,695
결산 (결과치)	15,146	15,020

* 한국방송공사, 2014~2023., 단위: 억 원

센트나 증가했다(실질 GDP: 2013년 1563조 → 2022년 1969조).
그 사이 소비자 물가는 얼마나 올랐을까? 10년 사이 16퍼센트
증가했다(소비자 물가 지수: 2013년 93.0 → 2022년 107.7). KBS
가 1조 5000억이라는 숫자에 멈춰 있는 사이, 한국의 실질 경
제 성장률 26퍼센트에 물가 상승률 16퍼센트를 합치면 돈의
세계는 거의 42퍼센트나 앞으로 나아갔다.[25] 이 말은 무엇을
의미할까? 지난 10년, 1조 5000억 원에 묶여 있는 KBS 살림
살이 규모는 알고 보면 상당한 퇴보를 해 왔다는 것이다.

그렇다면 지난 10여 년 동안 공영 방송을 둘러싼 미디
어 세계는 어떻게 변했을까? 시계를 좀 더 과거로 돌려 2010
년의 풍경을 보면, 디지털의 선두 주자 네이버, 유료 방송의
선두 주자 CJ ENM, 그리고 공영 방송의 선두 주자 KBS의 총
수익은 거의 차이가 없었다. 네이버 1조 8000억 원, CJ ENM

2013~2022년 KBS 총수입/총비용 vs. GDP vs. 소비자 물가

	2013년	2016년	2019년	2022년	증가율 (2013년 대비)
실질 GDP	1,563	1,707	1,969	디지털 이미지, 디지털 영상	△ 26%
소비자 물가 총지수	93.0	95.8	99.5	107.7	△ 16%
KBS 총수입 (억 원)	15,572	15,335	14,566	15,305	▼ 1.7%
KBS 총비용 (억 원)	15,528	15,087	14,550	15,423	▼ 0.7%

* GDP, 소비자 물가 총지수는 KOSIS(국가통계포털) 참조

1조 2000억 원, KBS 1조 4000억 원. 그런데 2022년 현재는? 네이버는 2010년 대비 다섯 배 이상 증가한 8조 2000억 원의 매출을 기록했고, CJ ENM 역시 2010년 대비 4배 이상 증가한 4조 8000억 원의 수익을 올렸다. 하물며 KBS와 함께 올드 미디어로 분류되곤 하는 지상파 사업자 SBS도 성장의 스케일은 다르지만 2010년 대비 66퍼센트 증가한 1조 2000억 원의 매출을 기록했다. 그사이 한국 시장에 진입한 OTT 사업자 넷플릭스도 한국에서만 2022년에 7732억 원의 매출을 기록했

2010~2022년 주요 미디어 사업자 총수익 변화

		2010년	2013년	2016년	2019년	2022년	증감 (2010년 대비)
유료 방송	CJ ENM	12,449	25,135	22,086	37,897	47,922	+285%
온라인	네이버	17,854	22,591	40,226	43,562	82,200	+360%
OTT	넷플릭스 코리아				1,858	7,732	+316%
지상파	SBS	7,060	7,270	8,290	8,177	11,738	+66%
공영 방송	KBS	14,494	15,572	15,335	14,566	15,305	+6%

* SBS, CJ ENM, 네이버, 넷플릭스코리아 총수입은 DeepSearch 참조, 단위: 억 원, 퍼센트
* 2018년 7월 CJ ENM과 CJ오쇼핑 합병

는데, 이는 2019년(1858억 원) 대비 네 배 이상의 규모다. 이렇게 지난 10여 년간 유료 방송, 온라인 인터넷, OTT, 그리고 지상파 사업자까지 모두 성장세를 보이는 국면에서 KBS는 1조 5000억 원 주변을 오가고 있는 것이다.

좀 더 자세히 들여다보면 1조 5000억이라는 숫자도 위태로워 보인다. 조금씩 조금씩 수입도, 비용도 1조 5000억이라는 숫자에서 밑으로 내려가고 있는 것이다. 지난 10년을 두

2013~2022년 연간 총수입 vs 총비용 평균

	총수입 평균	총비용 평균
2013~2017년 (1)	15,481	15,288
2018~2022년 (2)	14,811	14,751
증감 (2-1)	▼ 670	▼ 537

* 한국방송공사, 2014~2023., 단위: 억 원

국면으로 나누어 전반전 5년과 후반전 5년의 수입과 비용을 비교해 보자. 2018년에서 2022년까지의 연평균 총수입은 1조 4811억 원으로, 전반전(2013~2017년)에 비해 670억 원 정도 떨어졌다. 이에 맞물려 총비용 역시 1조 4751억 원으로, 전반전에 비해 540억 원 정도 떨어졌다. 1조 5000억을 버티지 못하고 수입도 비용도 조금씩 줄어들고 있다.

공영 방송 위기의 근거, 수입

이제 수입과 비용, 그 안으로 한 발 더 들어가 보겠다. 우선 수입이다.

KBS의 수익은 크게 광고, 수신료, 기타 수익으로 구분

2012~2022년 KBS 수입 현황

	2012년	2013년	2015년	2016년	2018년	2020년	2022년
수신료	5,851	5,961	6,258	6,333	6,595	6,790	6,934
광고	6,236	5,794	5,025	4,207	3,328	2,319	2,642
기타	3,593	3,818	4,661	4,795	4,835	5,233	5,729
총수입	15,680	15,572	15,943	15,943	14,758	14,758	15,305

* 한국방송공사, 2013~2023., 단위: 억 원

된다. 일단 광고를 보면 2012년 6236억 원으로 피크를 찍은 이후 지속적인 하락세를 보이며 2020년 2319억 원까지 떨어진다. 2012년까지는 6000억 원대 내외, 2013~2015년은 5000억 원대, 2016~2018년은 3000~4000억 원대, 2019년 이후는 2000억 원대의 광고 수익을 보인다. 지난 10년간 부침은 있었지만 매년 평균 315억 원씩 광고 수익이 줄어들었다.

이는 종합 편성 채널의 개국, OTT의 등장, 모바일을 포함해 TV를 넘어선 디지털 미디어의 폭발 등 급격한 기술 발전에 힘입은 미디어 환경 변화와 무관하지 않다. 급변하는 환경에 부합하는 미디어 정책을 펼치지 못한 것도 원인이 될 수 있다. 지상파 방송만 있었던 독과점적 시대의 방송법을 기반으로 공영 방송 규제에만 머물러 있었기 때문이다. 물론 KBS 역시 경쟁력을 유지하기 위해 변화와 혁신의 노력을 얼마나 기울여 왔는가에 대한 비판에서 자유롭지 못하다.

다음으로 볼 것은 수신료다. 수신료 수익은 1인 가구 증가로 2013년 5961억 원에서 2022년 6934억 원으로, 지난 10년간 약 1000억 원 정도의 매출이 증가했다. 연평균 100억 원 수준의 성장세를 보인 것이다.

마지막으로 기타 수익은 콘텐츠 판매 유통 수익 등의 성장으로 2013년 3818억 원에서 2022년 5729억 원으로, 지난 10년간 약 2000억 원 정도 매출이 증가했다. 연평균으로 환원하면 매년 평균 200억 원 수준의 성장을 보였다.

정리를 해보면 이렇다. KBS는 광고 수익의 급감(2013년 5794억 원 → 2022년 2642억 원, 연평균 315억 원씩 감소)을 수신료와 기타 수익(수신료 연평균 100억 원 + 기타 수익 연평균 200억 원씩 상승)으로 보전하고 있다. 이것이 의미하는 바는 무엇일까?

점점 더 중요해지는 수신료의 가치

같은 1조 5000억 원이라도 수익을 창출하는 구조가 드라마틱하게 바뀌면서, 무엇보다 수신료가 정말 소중한 재원이 되었다. 2012년만 하더라도 전체 재원에서 광고가 차지하는 비중이 40퍼센트, 수신료가 37퍼센트, 기타 수익이 32퍼센트였다. 2022년 현재는 전체 재원에서 수신료가 차지하는 비중이 48퍼센트, 기타 수익이 40퍼센트, 광고는 18퍼센트로 완전히 전세가 역전되었다.

수익 구조의 변동은 자연스럽게 공적 책무 이슈를 부각한다. KBS가 수행하는 서비스를 통해 얻는 수익의 성격이 달라지고, 공적 재원으로서 수신료의 비중이 커지면 서비스의 성격에 대한 고민도 커질 수밖에 없다.

기타 수익이 더 이상 기타가 아닌 상황

둘째, '기타 수익'을 더 이상 '기타'로 취급할 수 없는 상황이 되었다. 원래 기타는 조연도 아니고 단역인데, 단역 배우가 주인공이 되어 버린 것이다.

기타 수익에서 가장 인상적인 것은 콘텐츠 판매 수익의 증가다. 2010년 1025억 원, 2013년 2009억 원, 2017년 2700억 원, 2020년 3326억 원, 2022년 3872억 원. 꾸준하고 성실하고 우직하게, 콘텐츠 판매 수익은 상승 흐름을 보이고 있다. 유료 방송 플랫폼으로부터 받는 재송신 대가의 증가, 유튜브 등 디지털 미디어 콘텐츠 공급 확대, OTT로부터의 투자 확대 등이 이 상승을 견인하고 있다.

2010~2022년 KBS 기타수익 세부 현황

	2010년	2013년	2015년	2017년	2019년	2020년	2022년
기타 방송 수익 : 콘텐츠 판매 (1)	1,025	2,009	2,302	2,700	3,148	3,326	3,872
기타 방송 수익 : 협찬,캠페인 방송 (2)	881	988	1,614	1,095	909	927	1,062
기타 방송 수익 전체 (1+2)	1,906	2,997	3,916	3,795	4,057	4,253	4,934
시청자 사업	185	134	138	163	165	100	133
국고금	106	104	125	134	146	132	132
전파료	29	0.1	0	106	0.3	28	50
사업 외 수익	692	583	481	613	945	720	480

* 한국방송공사, 2011~2023, 단위: 억 원

또 하나 기타 수익에서 눈여겨볼 부분은 사업 외 수익이다. 자산 매각을 통해 2019년 945억 원, 2020년 720억 원의 수입을 달성했다. 2019~2020년 코로나19 등을 이유로 지상파 방송 광고 시장이 급격하게 안 좋아진 상황이었음을 고려하면, 방송을 통한 수익이 구조적으로 줄어드는 국면에서 자산 매각을 통해 자구책을 마련한 것으로 해석할 수 있는 지점이다.

공영성 vs. 상업성, 5:5

지난 10년간 수신료 수익이 꾸준하게 증가하고, 광고 수익이 꾸준하게 줄어들면서 KBS 방송 서비스를 통해 벌어들이는 재원의 성격과 비중이 달라졌다. 연도별로 좀 더 구체적으로 보자. 2010년의 경우, 수신료 수익 5689억 원, 광고와 콘텐츠 판매 수익을 합친 금액이 6912억 원으로 공적 재원 45퍼센트, 상업적 재원 55퍼센트의 비중이었다. 한마디로 예능, 드라마 등을 통한 상업적 성공이 공영 방송 재원에 좀 더 중요했던 것이다. 이 비중이 수신료 수익의 점진적 상승과 광고 수익의 점진적 하락으로 조금씩 변동하기 시작한다. 2017년에는 공적 재원 50퍼센트, 상업적 재원 50퍼센트의 비중이 된다. 이후 상황은 역전되어 상업적 재원보다 공적 재원의 비중이 증가하는데, 2022년의 경우 공적 재원 52퍼센트, 상업적

2010~2022년 KBS 방송 서비스를 통한 공적 · 상업적 수익 비중 변화

	2010년	2012년	2014년	2016년	2018년	2020년	2022년
공적 재원 (수신료) 비중	45%	43%	45%	48%	51%	55%	52%
상업적 재원 (광고+콘텐츠 판매) 비중	55%	57%	55%	52%	49%	49%	48%
총수익	12,601	13,685	13,485	13,193	12,873	12,435	13,448

* 한국방송공사, 2011~2023., 단위: 퍼센트, 억 원

재원 48퍼센트의 수준이다.

여기서 중요한 것은 상업적 재원보다 공적 재원의 비중이 증가하고 있다는 추이적 특징만은 아니다. 오히려 위 표에서 더 유념해서 봐야 할 것은, 편차는 있지만 KBS의 공적 재원과 상업적 재원 비중이 5:5라는 사실이다.

한국 공영 방송 서비스는 오랜 시간 공적 재원과 상업적 재원 비중이 균형을 맞추며 가고 있는 형국이다. 이는 KBS가 운영하는 채널, 플랫폼, 콘텐츠의 성격을 규정짓는 물적 토대가 된다. KBS는 뉴스나 고비용 다큐멘터리 등 공적인 서비

스만을 선보일 수 없는 재원 구조를 가지고 있다. 동시에 상업 방송처럼 예능이나 드라마 등 엔터테인먼트에만 집중할 수도 없는 재원적 특징을 가지고 있다.

이 상황에서 수신료 분리 징수 이후, 현재 예상되는 것처럼 공적 재원의 비중이 급격히 떨어진다면 어떤 일이 펼쳐질까?[26] 후술하겠지만 당장은 상업적 재원을 늘리기 위해 최선을 다할 수밖에 없을 것이다. 문제는 상업적 콘텐츠야말로 제작비 투자가 담보되어야 그에 비례하여 가능성이 열리는데, 투자할 수 있는 제작비가 축소되면서 공적 영역뿐 아니라 예능과 드라마 등 오락 콘텐츠의 질 역시 훨씬 더 저하할 수밖에 없을 것이라는 데 있다.

앞서 강조했던 것처럼 지난 10년간 있었던 급격한 사회 문화적 변화, 미디어의 진화 및 성장과 무관하게 KBS는 1조 5000억이라는 숫자에 갇혀 왔다. 공적 재원이든 상업적 재원이든 어느 한 영역이 삐걱거리면 KBS는 존재 자체가 위험해질 수 있는 상황에 처해 있다. 이러한 시점에 수신료 분리 징수라는 사건이 발생한 것이다. 수신료 분리 징수의 목표가 공영 방송다운 공영 방송을 만들기 위한 것인지, 공영 방송을 지우기 위한 것인지 의심스러울 수밖에 없는 이유다.

논란의 핵심, 비용

지금부터는 KBS가 어디에 얼마만큼의 돈을 쓰는지, 비용 부분의 특징을 살펴본다. 1조 5000억에 고정된 숫자 감옥으로부터 탈출하기 위해서는 투자를 해야 한다. 수신료 분리 징수 논쟁과 함께 KBS의 공적 책무도 논란의 도마 위에 올랐는데, 공적 서비스의 강화도 일단 투자가 전제되어야 가능하다. 그런데 이것이 쉽지 않다. 경직된 비용 구조 때문이다.

비용 부분은 크게 방송 제작비를 포함한 사업 경비, 인건비, 감가상각비, 사업 외 비용 및 법인세로 크게 구분된다. 먼저 방송사의 핵심인 방송 제작비를 보자. 2010년부터 2020년까지 방송 제작비 현황과 총비용 대비 제작비 투자 비중을 볼 필요가 있다.

지난 10여 년간 KBS가 집행한 총비용에서 방송 제작비 비중은 40퍼센트 내외를 차지하며, 규모로는 2012년 이후 6000억 원대 내외로 고정되어 있다. 물론 연도별로 보면 편차가 있다. 가령 2020년의 경우 코로나19에 따른 비상 긴축 조치 시행으로 5550억 원 수준까지 제작비가 떨어졌다. 올림픽, 월드컵, 아시안게임 등 국가적인 스포츠 이벤트가 몰려 있는 해에는 중계권료 상승으로 제작비가 증가하기도 하지만 (2018년 6478억 원, 2022년 6744억 원), 전반적으로 방송 제작비는 늘 6000억 원 내외다.

2010~2022년 KBS 방송 제작비 현황

	2010년	2012년	2014년	2016년	2018년	2020년	2022년
총비용	14,060	15,742	15,584	15,087	15,079	14,015	15,633
방송 제작비	5,125	6,118	6,177	6,177	6,478	6,478	6,744
제작비 투자 비중	36%	39%	40%	41%	43%	40%	43%

* 한국방송공사, 2011~2023., 단위: 억 원, 퍼센트

당연히 이상한 일이다. 지난 10여 년 새 물가도 오르고 GDP도 상승했으며, 출연료, 작가료, 연출비, 스태프 인건비 등등 제작 리소스 단가도 가파르게 상승했다. 그런데 이런 변화와 무관하게 KBS의 방송 제작비는 '언제 어디서든' 6000억 원 플러스마이너스 알파다. 어떻게 이것이 가능한가?

실제 콘텐츠 제작에 투자되는 비용, 4800억 원

이 질문에 답하기 전에 제작비의 내면으로 좀 더 들어가 보자. KBS의 방송 제작비에는 TV 제작, 라디오 제작뿐 아니라 뉴스, 스포츠, DMB·멀티미디어(홈페이지 등), 디지털 제작비와 연구 개발비, 이외에도 방송 제작 공통 비용(방송 회선, 전속 단

2013~2022년 KBS 방송 제작비 세부 집행 실적

방송 제작비 세부		2013년	2016년	2019년	2021년	2022년	2013년~2022년 평균	
							비용	총비용 대비 투자 비중
뉴스· 콘텐츠 플랫폼 관련	TV제작 (KBSWorld 포함)	3,490	3,501	3,643	3,702	3,969	3,554	23%
	라디오 제작	295	299	289	271	279	286	2%
	보도 제작 (R뉴스 포함)	380	384	368	426	487	397	3%
방송 제작비 세부	스포츠 제작	255	542	248	512	733	495	3%
	멀티미디어·DMB· 디지털 제작	79.2	72.5	58.4	47	59	73	0%
	TOTAL	4,499	4,799	4,606	4,958	5,527	4,796	32%
연구 개발 및 기타	연구 개발 (제작)	67	77	75	68	68	720	8%
	기타 (방송 제작·공통)	1,267	1,246	11,277	1,132	1,178	1	0%
	방송 제작비 전체 비용	5,835	6,122	5,958	6,160	6,774	1	40%
KBS 총비용		15,204	15,584	14,374	14,689	15,423	1	100%

* 한국방송공사, 2014~2023, 단위: 억 원
* 디지털 제작은 2021년부터 시작함

체 비용, 파견 용역 등)이 포함되어 있다.

KBS 방송 제작비로 포함된 세부 항목들의 집행 실적을 보자. 지난 10년, KBS가 연구 개발비와 기타 부문(방송 제작 공통부분)을 빼고 TV, 라디오, 보도, 스포츠, 멀티미디어, DMB, 디지털까지 실제 KBS의 채널, 콘텐츠, 플랫폼 방송 제작에 투자한 금액은 4800억 원 수준이다(전체 비용 대비 비중 32퍼센트). TV, 라디오뿐 아니라 인터넷, 유튜브 등 디지털 플랫폼까지 모두 포함하여 KBS가 콘텐츠에 투자하는 제작비 규모다.

좀 더 들어가면 TV('KBS 월드' 채널 포함)의 연평균 제작비가 3554억 원(총비용 대비 23퍼센트 수준)이고, 라디오의 연평균 제작비는 286억 원(총비용 대비 2퍼센트 수준), 보도(라디오 뉴스 포함)의 연평균 제작비는 397억 원(총비용의 3퍼센트 수준)이다. 연도별로 편차는 다소 있지만, 지난 10년간 TV와 라디오, 보도에 투자되는 제작비 규모는 대동소이하다.

공영 방송으로서 KBS의 본업은 콘텐츠 제작이다. 콘텐츠를 통해 공적 책무를 수행하는 것이고, KBS에 대한 칭찬과 비판의 근저에도 콘텐츠가 자리 잡고 있다. 그런데 전체 비용 1조 5000억 원 중 콘텐츠 제작에 투자하는 규모가 4800억 원, 32퍼센트 수준이라면 이는 결코 높다고 볼 수 없는 수치다.

넷플릭스의 K-콘텐츠 투자액이 2020년 3300억 원,

2021년 5000억 원, 2022년 8000억 원 수준으로 알려져 있다.[27] 넷플릭스가 2022년 한국 콘텐츠, 좀 더 정확히는 한국 드라마와 예능에 투자한 금액이 한 해 8000억 원 수준인데, KBS는 4800억 원이라는 제작비를 가지고 하루 종일 방송되는 뉴스, 다큐멘터리, 드라마, 예능, 시사, 라디오를 만들고, 지역국도 운영하며, 유튜브 및 디지털 콘텐츠도 제작해야 한다. 상대가 될까? 될 리가 없다.

어려우면 손대는 제작비

공영 방송의 위기는 어제오늘 얘기가 아니지만, 2023년 KBS는 창사 이래 최고의 위기를 맞이했다. 지금까지 위기의 국면 때마다 KBS가 내세운 첫 번째 전략은 제작비 절감이었다. 프로그램과 서비스를 통해 수신료의 가치를 증명해야 하는데, 서비스에 투자하는 제작비를 절감하며 위기 국면에 대응해 왔던 것이다.

오른쪽의 그림은 2012년부터 2022년까지 KBS의 총비용과 방송 제작비가 전년 대비 감소했을 때의 주요 수치를 보여 준다. 지난 10년 중 한국 사회의 경제적 침체, 광고 시장의 급격한 냉각, 코로나19 등 외부 변수들에 의해 비상 긴축이 필요했던 시기는 2013년, 2016년, 2019년, 그리고 2020년이었다. 2013년 비상 긴축 시 방송 제작비는 전년 대비 283억

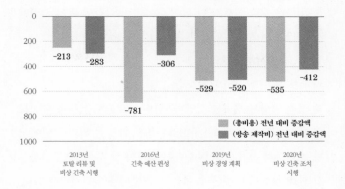

2012~2022년 KBS 총비용과 방송 제작비 전년 대비 증감 규모

- (총비용) 전년 대비 증감액
- (방송 제작비) 전년 대비 증감액

2013년
토탈 리뷰 및
비상 긴축 시행

2016년
긴축 예산 편성

2019년
비상 경영 계획

2020년
비상 긴축 조치
시행

-213 -283 -781 -306 -529 -520 -535 -412

* 한국방송공사, 2013~2023., 단위: 억 원

원 감소했고, 2016년 긴축 예산 편성 시 306억 원, 2019년 비
상 경영 계획 시 520억 원, 2020년 비상 긴축 조치 시행 시
412억 원이 줄었다.

특징적인 것은 2016년을 제외하고 위기 국면을 타개하
는 전략으로 KBS가 선택한 유일한 방법이 방송 제작비 삭감
이었다는 사실이다. 2013년 총비용 삭감 규모 213억 원 중
283억 원이 제작비 삭감이었으며, 2019년 총비용 삭감 규모
529억 원 중 520억 원이 제작비 삭감이었다. 2020년에도 총
비용 삭감 규모 535억 원 중 412억 원이 제작비 삭감이었다.
앞서 이야기했던 것처럼 KBS의 총 콘텐츠 제작비는 평균

4000억 원에 불과하고, 전체 비용에서 방송 제작비가 차지하는 비중은 40퍼센트가 안 됨에도 제작비 삭감이 위기 국면에서 KBS가 선택한 길이었다.

경직성 경비, 인건비의 과도함

왜 이런 일이 발생하는 것일까? 방송 프로그램을 통해 수신료의 가치를 증명해야 하는 KBS의 경우, 재정적 위기 국면에서 방송 제작비 절감은 최후 수단이 되어야 할 것 같지만, 실상은 그 반대 현상이 나타난다. 이유는 고정 비용인 인건비에 있다.

2013년부터 2021년까지 인건비 총액은 5200억 원 내외로 거의 변화가 없고, 연도별 총비용의 변화에 따라 전체 비용에서 인건비가 차지하는 비중만 33~36퍼센트 사이를 오간다. 유의미하게 인건비에서 변화가 보이는 해는 2022년이다. 2022년의 경우 정년퇴직자가 예년에 비해 223명으로 상당히 많았고, 명예퇴직 시행 등에 따라 중도 퇴직자가 105명 증가한 것이 변화의 이유였다.[28] 2022년 인건비가 5200억 원대에서 4800억 원대로 줄고, 그 결과 인건비 비중도 2021년 36퍼센트에서 2022년 31퍼센트로 줄었다.

그럼에도 인건비는 전체 비용의 30퍼센트를 넘는다. 인건비는 KBS가 외부로부터 비판받는 핵심 이유이면서, 동시에 KBS의 운신의 폭이 좁아지게 되는 결정적인 이유다.[29]

2010~2022년 KBS 인건비 현황

	2010년	2012년	2014년	2016년	2018년	2020년	2022년
인건비	5,217	5,337	5,206	5,286	5,157	5,238	4,812
인건비 비중	34%	34%	36%	36%	37%	36%	31%
총비용	15,529	15,529	14,374	14,550	14,015	14,689	15,423

* 한국방송공사, 2011~2023., 단위: 억 원, 퍼센트

인건비를 줄이기 위해서는 직무를 줄여야 한다. 문제는 현재 KBS에 부여된 공적 책무의 수준과 범위다. KBS는 2개의 TV 채널과 2개의 위성 방송 채널(KBS 월드, KBS 코리아), 7개의 라디오 채널과 4개의 DMB 채널을 운영하고 있다. 이외에도 9개의 지역 총국과 9개의 지역국 및 11개의 해외 지국을 운영하고 있으며 KBS 교향악단과 KBS 국악관현악단 등 다양한 시청자 부대사업도 수행 중이다. 산간 및 도서·벽지의 난시청 해소 업무, 디지털 서비스 업무, 재난 방송 등도 KBS가 수행해야 하는 공적 책무다.

방송법과 KBS 정관은 KBS의 공적 책무 현황을 명시하고 있다. 방송법에는 총 11개의 업무가, 정관에는 총 6개의 대

유형에 24개의 업무가 부여되어 있다. 여기에 더해 KBS가 스스로 선언하고 실천하는 공적 책무 확대 계획도 매년 다채롭게 펼쳐져 있다. KBS가 수행해야 하는 업무는 지상파 TV에서 위성 방송, DMB, 유튜브, OTT까지 변화하는 미디어 환경에 맞춰 늘어나고, 이전보다 잦아지는 재난·재해에 대비하는 재난 방송에 이르기까지 계속 늘어난다. 동시에 물가도, 인건비도 오르고 모든 단가가 올랐다. 이 모든 걸 10년 전과 동일하게 1조 5000억 원 규모 내에서 해내야 한다. 가능할까?

가능하다. 그러나 잘하는 것은 불가능하다. 모든 걸 조금씩 다 해야 하니 직무를 줄이기는 쉽지 않다. 그러다 보니 경직성 경비로서 인건비 축소가 말만큼 쉽지 않다. 재정적 위기가 닥칠 때마다 방송 제작비 절감을 가장 먼저 선택할 수밖에 없었던 이유이기도 하다.

KBS의 공적 책무 근거들

아래 나열된 방송법과 KBS 정관 이외에도 연간 경영 목표, 방송 기본 계획 등을 통해 KBS 스스로 만들어 내고 실천하는 공적 책무 확대 계획이 있다.

방송법 (제54조) 업무

① 공사는 다음 각호의 업무를 행한다.

1. 라디오방송의 실시

2. 텔레비전방송의 실시

3. 위성방송등 새로운 방송매체를 통한 방송의 실시

4. 방송시설의 설치·운영 및 관리

5. 국가에 필요한 대외방송(국제친선 및 이해증진과 문화·경제교류 등을 목적으로 하는 放送)과 사회교육방송(외국에 거주하는 한민족을 대상으로 민족의 동질성을 증진할 목적으로 하는 放送)의 실시

6. 「한국교육방송공사법」에 의한 한국교육방송공사가 행하는 방송의 송신 지원

7. 시청자 불만처리와 시청자 보호를 위한 기구의 설치 및 운영

8. 전속단체의 운영·관리

9. 방송문화행사의 수행 및 방송문화의 국제교류

10. 방송에 관한 조사·연구 및 발전

11. 제1호부터 제10호까지의 업무에 부대되는 수익사업

KBS 정관 (총 6개의 대유형, 24개의 업무)

제29조(업무)

① 공사는 다음 각호의 업무를 행한다.

1. 방송실시

• 라디오 방송

- 텔레비전 방송

- 위성방송 등 새로운 방송매체를 통한 방송

- 대외방송

- 사회교육방송

- 한국교육방송공사가 행하는 방송의 송신지원

2. 방송시설의 설치·운영 및 관리

3. 시청자불만처리와 시청자보호를 위한 기구의 설치운영

4. 조사 연구

- 방송실시를 위하여 필요한 조사연구

- 방송기술 향상을 위한 개발연구

- 방송경영 발전을 위한 조사연구

- 방송문화 창달을 위한 조사연구

5. 부대업무

- 방송제작상 필요한 전속단체의 유지 및 육성

- KBS 교향악단의 유지 및 육성

- KBS 국악관현악단의 유지 및 육성

- 방송에 필요한 행사및 사업의 주최, 주관 또는 후원

- 출판 및 음반, 테입의 제작 배포업무

- 시청자 서비스를 위한 업무

- 방송의 국제교류에 관한 업무

- 광고방송 업무

- 대외방송또는 대외방송프로그램의 지원에 관한 사항

- 자회사의 유지 및 육성

- 방송문화 향상을 위한 사업과 사원복리 후생단체에 대한 지도 육성

6. 제1호 내지 제5호의 업무에 부대되는 수익사업

만성 적자 KBS, 파업 때만 흑자였다?

수행해야 하는 공적 책무는 점점 더 많아지는 상황에서 수신료, 광고, 프로그램 판매 등을 통해 벌어들이는 수익은 1조 5000억 원에 머물러 있다 보니 KBS의 영업 이익은 만성 적자에 허덕인다. 지난 10년간 KBS의 영업 이익은 2016~2017년을 제외하곤 늘 손실이었다.

좀 더 자세히 살펴보면 길환영(2012년 11월~2014년 6월), 조대현(2014년 6월~2015년 11월) 사장 체제에서 영업 이익은 최소 -211억 원(2015년)에서 최대 -455억 원(2014년)까지 적자 구조를 면치 못했는데, 당시 총비용은 1조 5500억 원을 상회했다.

이 적자 구조에서 탈피한 것이 2016년과 2017년이었다. 2015년 11월, 고대영 사장 취임 후 강도 높은 긴축 예산 편성이 이뤄졌다. 매출 원가와 판매 관리비 등 비용 절감이 전사적으로 실시되면서 총비용이 2011년 이전 수준(2015년 1조

5868억 원 → 2016년 1조 5087억 원 → 2017년 1조 4374억 원)으로 떨어졌고, 그 결과 2년 연속 영업 이익 흑자를 기록했다. 특히 2017년의 경우 영업 이익 흑자 폭이 200억 원까지 증대되는데, 여기에는 그해 여름부터 시작된 공영 방송 파업, 이에 따른 인건비와 프로그램 제작비 축소가 큰 영향을 미쳤다. 공영 방송이 프로그램을 제작하지 않고 서비스를 제공하지 않으면서 공적 책무 수행을 중단했더니 재원 구조가 좋아지는 역설적 상황이 발생한 것이다.

2017년 파업이 끝나고 새롭게 들어선 양승동 사장(2018년 2월 취임) 체제에서 KBS는 콘텐츠 경쟁력 강화와 조직 문화 쇄신을 위해 신규 인력 충원, 제작비 증대 등을 공격적으로 진행했다. 그 결과 영업 손익은 다시 적자로 돌아섰다. 2018년 투자 확대에 따른 영업 손익 적자 폭이 커지고(-585억 원), 이 흐름이 2019년까지 이어지자 KBS는 2019년 여름 비상 경영 체제에 돌입하고 대대적인 비용 절감에 들어갔다.[30] 그리고 2019년이 끝날 시점 총비용을 다시 2017년 수준인 1조 4550억 원 수준까지 떨어뜨렸다. 그럼에도 2017년과 달리 영업 이익의 적자 폭이 줄어들거나 흑자로 전환하지 못했고, 2019년의 KBS 영업 이익은 지난 10년 사이 최대 적자 규모인 -759억 원을 기록한다. 이후 2021년 새로 취임한 김의철 사장(2021년 12월 취임) 체제에서 코로나19가 종식되

2013~2022년 KBS 총수입, 방송 사업 매출, 영업 이익과 당기 순이익

	2013년	2015년	2016년	2017년	2018년	2019년	2022년
총수입	15,572	15,943	15,335	14,938	14,758	14,566	15,305
총비용	15,529	15,868	15,087	14,374	15,079	14,550	15,423
방송 사업 매출	14,855	15,324	14,714	14,163	14,199	13,456	14,692
방송 제작비	5,125	6,118	5,835	6,177	6,428	6,122	5,958
영업 이익	-274	-211	+15	+202	-585	-759	-90
당기 순이익	+43	+75	+248	+564	-321	+16	-118

* 한국방송공사, 2014~2023., 단위: 억 원

고 TV 광고 시장이 살아나면서 매출이 다소 상승했지만, 영업 이익 적자에서는 벗어나지 못한다.

만성 적자 KBS에 필요한 것

지난 10년, 다섯 명의 사장이 KBS를 거쳐 갔다. 그사이 한국 경제의 성장을 감안하면 KBS가 거의 예외 없이 매년 영업 손실을 보였다는 것은 이것이 단순히 정치 병행적인 지배 구조

만의 문제도, 방만 경영의 문제도 아니라는 것을 의미한다.

　파업으로 KBS가 공적 책무의 수행을 멈추고 서비스를 제공하지 않았던 2017년의 경영 실적이 가장 좋았다는 점도 의미가 크다. 공영 방송이 어떤 프로그램과 서비스를 제공할 수 있는지는 재원 규모와 조달에 달려 있다. 공적 재원과 상업적 활동을 통해 벌어들일 수 있는 수익보다 공적 책무를 수행하기 위해 소요되는 비용이 많다면 재원을 확대하거나 공적 책무의 범위를 조정해야 한다. 우리 사회 공영 방송이 어떠한 공적 책무를 수행해야 하는지 도출하고, 그와 같은 책무를 이행하기 위해서는 어느 정도의 재원이 필요하며, 그 재원을 어떻게 마련할 것인가에 대한 논의가 필요하다. 물론 공영 방송의 투명하고 효율적인 비용 집행은 당연히 전제돼야 한다.

　이러한 논의 없이 수신료 분리 징수부터 일단 시행하고 보는 것은 무엇 때문일까? 이 질문에 답하기 위해서는 그간 있어 왔던 수신료를 둘러싼 담론 투쟁의 전선을 살펴봐야 한다.

어느 나라든 이야기 주제로서 공영 방송은 항상 시끌벅적하다. 그중에서도 수신료 문제는 으뜸이다. 공영 방송 논쟁은 수신료 인상 또는 폐지를 매개로 발생하거나, 아니면 재원 문제로 귀결되는 경우가 많다. 말해 뭐 하는가. 우리나라도 공영 방송 하면 수신료 문제가 연관 단어로 자연스럽게 떠오를 만큼 수신료 이슈는 공영 방송 담론 투쟁의 핵심 영역이다.

공영 방송 또는 공영 방송 제도를 지지하거나 옹호하는 측은 적정한 수신료 인상을 통해 안정적 재원을 확보해야 공영 방송이 제대로 기능할 수 있다고 주장한다. 반면 공영 방송을 비판하거나 공격하는 측에서는 공영 방송이 제 역할을 다하지 못하는 상황에서 무작정 수신료를 인상할 수는 없다고 주장한다.

모든 논쟁이 그렇듯이, 담론 투쟁이 격화되면 본질적인 사안에 대한 진중한 검토보다는 지엽적이고 수사적인 싸움에만 몰두하게 된다. 물신화된 공영 방송 수신료 담론 투쟁은 오히려 공영 방송의 구체적 현실 파악과 개선 과제를 은폐하는 효과를 낳는다. 수신료 관련 각종 담론을 검토할 필요가 있는 이유다.

노(No) 시청 노(No) 납부 담론

'나는 평소에 공영 방송을 시청하지 않는다. 도대체 보지도

않는 텔레비전 서비스에 왜 내가 돈을 내야 하는가.'

공영 방송을 시청하지 않으면 수신료를 내지 않아도 된다고 생각하는 사람들이 있다. 일견 맞는 말 같다. 일반적으로 어떤 상품이나 서비스는 필요한 사람이 필요한 만큼 구매해서 사용한다. 수익자 부담 원칙이 적용되는 것이다. 필요성이 없어지면 구매를 중단하면 된다. 대표적으로 케이블, 위성 방송, IPTV 같은 유료 방송 서비스는 보고 싶을 때 사용료를 내고 유료로 구독하는 TV 서비스다. 넷플릭스, 웨이브, 티빙, 디즈니플러스 등 OTT도 마찬가지다. 더 이상 시청하지 않는다면 언제든 구독을 중단할 수 있다. 그런데 왜 유독 공영 방송(KBS, EBS) 수신료만은 시청 여부에 상관없이 납부해야 하는가. 내가 공영 방송을 보고 싶지도 않고 보지도 않는데, 텔레비전 수상기를 보유했다는 이유만으로 왜 달마다 꼬박꼬박 수신료를 내야 하는가 말이다.

정말 공영 방송을 시청하지 않으면 수신료를 내지 않아도 괜찮을까? 그렇지 않다. 공영 방송은 달리 공영 방송이 아니다. 공영 방송은 유료로 구독하는 상업 방송과 차별되는, 공영 방송만의 특별한 서비스를 제공하기 위해 만든 제도다.[31] 차별성을 달성하기 위해 재원 조달 방식도 유료 구독이 아닌 국가적·사회적 차원의 공적 지원으로 이뤄진다. 구체적 지원 방식은 정부 지원금, 보조금, 세금 등으로 다양하지만, 공영 방송의 독립성 확보를 위해 국민이 직접 재원을 부담하는 수신료 방식을 채택하는 것이 가장 일반적이다.

여전히 납득이 안 되는 사람도 있을 것이다. 시청하지도 않는데 돈을 내야 한다는 사실이 부당하게 느껴지기 때문이다. 실제로 공영 방송 수신료 납부가 부당하다며 위헌 심사 헌법 소원을 청구한 사례가 있었다. 2008년 헌법재판소는 관련 선고에서 현행 수신료 제도의 위헌 여부에 대해 다음과 같이 명확한 결정을 내렸다.[32]

> 수신료는 공영 방송의 재원을 안정적으로 확보하기 위하여, 한국방송공사가 수행하는 각종 방송문화 활동의 수혜자인 수상기 소지자에게 부과되는 부담금으로서 입법목적의 정당성이 인정되고, 공영 방송이 국가나 각종 이익단체에 재정적으로 종속되는 것을 방지할 뿐만 아니라 공영 방송 스스로 국민을 위한 다양한 프로그램을 자기 책임하에 형성할 수 있는 계기를 제공해 준다는 점에서 입법목적을 달성하기 위한 효과적이고 적절한 수단으로 볼 수 있다.
>
> 헌법재판소, 2008. 2. 28. 선고 2006헌바70 결정.

수신료는 시청 여부와 상관없이 수상기 소지자에게 부과하는 특별 부담금이며, 공영 방송의 독립성과 책임성을 확보하기 위해 합목적적인 법률 수단이라는 것이다. 현행 법체계에서 공영 방송 수신료는 '안 보니까 안 내도 되는 돈'이 아니다. 국가가 법을 만들어 부과하는 부담금이고 헌법에도 일치한다.

수신료 분리 징수 담론

2023년 7월 11일, 정부는 수신료를 전기 요금과 분리하여 고지·징수하도록 하는 방송법 시행령 개정안을 의결하고, 7월 12일부터 공포·시행에 들어갔다. 이전에 수신료 징수는 한국전력공사(이하 한전) 전기 요금 고지서와 통합되어 징수되고 있었지만, 이를 금지하고 별도 고지서를 통해서만 징수하도록 법을 바꾼 것이다. 정부는 "수신료와 전기 요금 합산 징수로 수상기가 없는데도 모르고 수신료를 내는 경우가 있었는데, 별도 고지·징수를 통해 잘못 부과된 경우 바로 잡을 수 있다", "TV가 없는 세대는 수신료 안 낼 권리가 강화되는 등 수신료에 대한 국민의 관심과 권리 의식을 높이고 편익을 증진할 것이다", "수신료 미납 시 단전 우려가 있었으나 앞으로는 수신료 미납만으로 단전되는 부작용을 차단할 수 있다"는 점을 법 개정 사유로 들었다.

　　사실 현행법상 수신료 제도나 징수 방식은 일반 국민이 잘 이해하기도 어렵고, 실제 운영 방식에 대한 오해도 많은 편이다. 예를 들어 법으로 수상기 보유자는 KBS나 한전에 등록 신청을 하게 되어 있지만, 등록 신청 의무를 알고 있는 국민은 많지 않다. 더구나 실제로 스스로 등록 신청을 한 국민은 거의 없다고 봐도 무방할 정도로 법과 현실 사이의 괴리가 존재한다.[33] 수신료 분리 징수에 대한 일부 국민의 오해는 더더욱 그렇다. '수신료 분리 징수 도입으로 이제는 수신료를 내지 않아도 상관없다'는 주장이 대표적이다.

정말 분리 징수 도입으로 수신료를 내지 않아도 되는 상황이 되었는가? 그렇지 않다. 방송법상 수상기 보유자는 수신료를 내게 되어 있고, 내지 않으면 법 위반이다. 한편 수상기 미등록 시는 1년분 수신료를 추징금으로 징수하고, 납부 기간 내 미납 시에는 수신료의 3퍼센트가 가산금으로 부과된다. 심지어 추징금과 가산금은 국세 체납 처분의 예에 따라 징수할 수 있도록 방송법에 명문화되어 있다. 이 말은 수신료를 제때 내지 않는 행위를 법적으로 세금 체납과 동등한 행위로 취급한다는 의미이다.

정당한 저항이라는 수사

사실 수신료 징수 방식이 통합이냐 분리냐는 본질적인 수신료 제도 자체와는 별 상관이 없는 지엽적인 사안이다. 수신료가 막 도입될 당시에는 KBS 징수원들이 일일이 가구를 방문

해서 수신료를 받아 갔다. 지금처럼 계좌 이체, 자동 이체, 카드 결제, 은행 지로 등 다양한 징수 방식이 없던 시절의 일이다. 그런데 왜 일부 국민은 수신료 징수 방식에 대해 그토록 큰 의미를 부여하는 것일까. 왜 전기 요금 통합 징수를 수신료 강제 징수인 것처럼 생각하는 것일까.

사실 그럴 만한 충분한 역사적 이유가 있다. 1980년대 군사 독재 시절, KBS 시청료 거부 운동의 추억으로 거슬러 올라간다. 당시 기독교 단체를 중심으로 KBS 시청료 거부 운동이 발생했다. 국민의 민주화 열망과 무관하게 정권 홍보 및 편파 보도에 열중하던 당시 KBS에 대한 시청자 저항 운동이었다. 이후 이것은 야당과 재야 민주화 단체 등이 참여하는 범국민적 운동으로 확산했고, 1987년 6월 항쟁으로 5공화국이 막을 내리는 데 기여했다. 6공화국 노태우 정부 들어서도 국민들의 시청료 납부 거부가 이어져 징수율이 낮아지자, 정부는 1990년 방송법 개정으로 시청료의 이름을 수신료로 바꾸고 수상기 등록 및 징수 위탁 제도를 도입했다. 문민정부 시기인 1994년부터는 한전에 위탁해서 전기 요금 고지서 합산 방식으로 청구되면서 현재처럼 징수율이 올라갔다.

이처럼 수신료 징수 위탁, 합산·분리 징수 문제는 한국 사회의 역사적 맥락과 연결성을 지니고 있다. 어떤 사유에서건 공영 방송을 비판하거나 공격하려는 쪽에서 보면 수신료 분리 징수 문제의 제기는 정당한 시청자 저항이라는 역사적 이미지를 소환하는 수단이 될 수 있다.

실제로 문민정부 이후 몇 번의 정권 교체가 있었지만, 보수 정부든 진보 정부든 수신료 분리 징수를 전가의 보도처럼 공영 방송을 압박하는 수단으로 활용해 왔다. 수신료 분리 징수는 본질적으로 시청자 국민의 수신료 납부 방식과 절차의 편의성에 대한 사안이지만, 담론적으로는 공영 방송을 공격하는 수사이자 집행검의 역할로 활용되는 것이다.

수신료 정상화 담론

공영 방송이 공영 방송다운 역할을 제대로 수행하기 위해서는 무엇보다 독립적인 재원 안정성 확보가 필요하다. 공영 방송 제도 교과서에 나오는 언술이다. 앞선 헌법재판소 결정문에서도 언급되었듯이 공영 방송 재원 안정성 확보는 공영 방송 운영의 핵심 원칙 중 하나다. 이 원칙에 비춰 보면 40여 년 이상 2500원에 결박되어 있는 우리나라 공영 방송 수신료는 누가 봐도 바람직한 상황은 아니다.

그러나 수신료 당위성이 현실 수신료 담론 투쟁 공간을 통과하게 되면 논쟁 지형이 변형되곤 한다. 공영 방송 수신료 정상화를 주장하는 사람들은 흔히 '공영 방송 재정 위기의 근원은 수신료 수입 동결' 때문이며, '공영 방송의 안정적 재원 확보가 곧 공영성 강화의 수단'이고, '선 수신료 인상, 후 공영 방송 거버넌스 개혁을 요구'해야 하며, '선 수신료 인상, 후 광고 축소·폐지'가 가능하다는 등의 논리를 수반하고 있다.

KBS 경영의 진짜 문제

첫째, 공영 방송 재정 위기의 근원은 수신료 수입의 동결 때문인가? 그렇지 않다. 수신료 수입 동결만으로 공영 방송 재정 위기를 설명하는 것은 적절치 않다. 우선, 지난 10년간 수신료 총액은 실질적으로 매년 평균 100억 원 정도 증가해 왔다.[34] 물론 이 인상 규모가 충분했는지는 별개의 사안이다. 그보다 중요한 것은 수신료 동결이 공영 방송 재정 위기의 근원임을 주장하는 시각이 현 KBS의 경영의 실질적인 문제점, 즉 프로그램 경쟁력의 지속적 약화와 만성화된 무거운 인력 구조 문제를 제대로 직시하지 못하게 만들 위험성을 지닌다는 점이다.

공영 방송 KBS의 프로그램 경쟁력은 나날이 약화하고 있다. 단순 시청률 하락만으로 프로그램 경쟁력의 모든 측면을 평가하는 것은 부당한 일이지만, 점점 시청자들에게 외면받고 있다는 뼈아픈 현실은 공영 방송의 존립 근거 자체를 침식하는 중요한 문제이며 외면할 수 없는 사실이다. 프로그램 경쟁력 강화를 위한 물적·인적 투자 확대가 필요한 상황이지만, 외부로부터의 비용 절감 압박에 오히려 실질 프로그램 제작비 규모는 정체 또는 퇴보해 오고 있다. 프로그램 경쟁력 강화와는 정반대의 노선을 향하고 있는 것이다.

무거운 인력 구조로 인한 인건비 비중 과다 문제는 공영 방송 경영 혁신의 아킬레스건이다. 인건비 비중을 줄이라는 KBS 외부의 압박이나, KBS 내부의 대응이 모두 명시적으로 드러내지 못하는 것이 있다. 인건비 비중 축소 문제는 결국 구조 조정의 문제라는 것이다. 구조 조정 문제를 거론하는 것은 누구도 쉽지 않다. 짊어져야 할 사회적 논란과 정치적 부담이 크기 때문이다. 설령 제반 이해관계자들이 구조 조정의 대전제에 합의한다고 해도, 구조 조정의 원칙과 방식을 둘러싼 더 큰 논란이 발생할 것은 명약관화하다. 인건비 비중 과다 문제를 해결하기 위한 시도가 더 큰 사회적 논란과 문제를 불러올 것이 우려되고, 그렇다고 문제를 덮어 두면 더 곪아 가는 딜레마가 지속되고 있다.

공영 방송 수신료가 충분히 인상되면 더 많은 재원 투자를 통해 일시적으로 프로그램 경쟁력을 향상하고 경영 압박 문제도 해결할 수 있다. 그러나 이것이 궁극적인 해결책이 될 수는 없다. 근본적인 프로그램 경쟁력 강화, 그 이전에 공영 방송 책무 조정을 근간으로 한 인적 구조 개편이 동반되지 않는 이상 수신료 인상은 임시방편일 수밖에 없다. 구조적 문제를 해결하지 않은 채 그대로 안고 가면 사태가 해결되지 않는다.

어떤 공영성인가

둘째, 공영 방송의 안정적 재원 확보는 공영성 강화로 이어지는가? 그렇지 않다. 안정적 재원 확보가 담보된다고 해서 공영성이 저절로 강화되는 것은 아니다. 이러한 '수신료 결정론' 또는 '수신료 환원론' 시각은 공영 방송의 모든 문제를 수신료 탓으로 귀인하고 안정적 재원을 확보하면 공영성이 강화되는 것으로 간주한다. 그러나 이는 수신료 인상을 통해 '어떤' 공영성이 강화되어야 하느냐는 물음을 가린다.

현행 방송법에는 공영 방송이 추구해야 할 공영성이 명시적으로 존재하지 않는다. 방송통신위원회의 방송 평가, KBS의 자체 경영 평가, 국회 KBS 결산 승인 심사 과정 어디에도 공영 방송만이 추구해야 할 공적 목표나 구체적 책무가 존재하지 않는다. 당연하게도 재원 부담의 주체인 국민 역시 공영 방송이 자신들에게 어떠한 공적 가치를 가져다주는지 명확히 알 수 없다. 명확한 공영성 책무가 부재한 상황에서 공영 방송에 대한 이야기는 논의 자체가 현실에 정박하지 못한 채 추상적으로 부유할 운명에 처한다.

공영 방송 재원 안정성이란 공적 목표를 달성하는 데

충분한 재원 수준을 확보하는 것을 의미한다. 따라서 사회적으로 요구되는 공영성 달성에 필요한 재원 수준을 결정하는 작업이 선결되어야만 비로소 '안정성'의 여부를 판단할 수 있다. 결국 수신료 인상의 문제는 사회적으로 필요한 공영성 수준과의 정합성을 맞추는 문제다. 수신료 인상 자체가 공영성 강화를 가져오는 만능열쇠는 아니다.

정파적 공방을 이끄는 수신료 선결론

셋째, 선 수신료 인상, 후 공영 방송 거버넌스 개혁을 요구해야 한다? 그렇지 않다. 이 언술은 일견 수신료 인상 문제를 공영 방송 거버넌스 문제와 분리해서 사고해야 한다는 주장처럼 보인다. 그러나 현실적으로는 두 사안을 강고하게 결합해 정파적 공방을 확산시키는 효과를 낳는다.

수신료 문제는 사회적으로 필요한 공영성을 달성하기 위해 필요한 재원을 확보하는 사안이다. 반면 거버넌스 문제는 공영 방송의 사회적 운영 방식에 대한 사안이다. 두 사안이 완전 별개의 문제가 아니고 당연히 상관성은 지니고 있겠지만, 그렇다고 인과성을 지니는 선후 관계의 문제는 아니다. 수신료를 인상하든 또는 인하하든 공영 방송 거버넌스 문제는 별도로 남는다.

이 둘을 선후로 연계하는 사고방식은 공영 방송의 정치

적 독립과 공정성을 담보하는 거버넌스를 구축하기 위해서는 그 이전에 수신료 인상이 필요하다고 전제한다. 이로써 자연스럽게 정치적 독립과 공정성 문제를 수신료 논의에 끌어들이게 된다. 결과적으로 선 수신료 인상, 후 공영 방송 거버넌스 개혁이라는 수신료 선결론은 오히려 공영 방송 제도 개선 논의 과정이 정파적 공방을 벗어나지 못하게 만드는 질곡으로 작용한다. 공영 방송 책무 설정, 적정 수신료 수준 결정 같은 구체적 논의에 들어가기도 전에 스스로 손과 발을 묶는 형국이 되는 것이다.

KBS2를 민영화하자는 주장

넷째, 선 수신료 인상, 후 광고 축소·폐지가 가능하다? 그렇지 않다. 공영 방송 정체성에 관한 논의에서 광고를 축소하는 문제는 단골 주제였다. 높은 광고 비중은 수신료 인상 반대 논리 중 하나로서, 과도한 상업적 정체성을 지닌 KBS에게 수신료 인상을 해 줄 수 없다는 주장이 등장했다. 이에 대한 대응 논리로 수신료 인상이 이뤄지면 광고 축소 또는 폐지가 가능하다는 주장도 등장했다. 그러나 현시점에서 수신료 인상 후 광고 축소·폐지 주장은 의미를 상실했다. 2010년 KBS 전체 매출에서 가장 큰 비중인 40.6퍼센트를 차지했던 광고 매출액은 2022년에 17.3퍼센트까지 떨어졌다. KBS 광고 매출의 급격한 하락이 역설적으로 KBS의 상업적 정체성 문제를 불식시키는 효과를 발휘한 것이다.

KBS의 상업적 정체성 문제는 오히려 다른 데서 불씨를 키우고 있다. 상업적 행위를 이유로 KBS2 채널 민영화를 주장하는 담론이 등장하는 것이다.

공영 방송은 상업적 행위를 해서는 안 되는가? 그렇지 않다. 공영 방송 재원 구조는 국가마다 다르지만 공적 재원을 근간으로 하고 상업적 행위를 보조 재원으로 활용하기도 한다. 영국 BBC가 대표적이다. 공적 재원을 근간으로 하는 활동과 상업적 수익 활동을 명확히 분리하는 선에서 오히려 상업적 수익 활동의 성과를 장려한다. 공적 재원 기반의 활동이 다른 상업 활동 사업자와의 경쟁을 왜곡하지 않도록 하기 위해서다.

이처럼 공영 방송 광고 축소나 폐지 문제는 본질적으로 수신료 인상이나 반대 논리와는 관련 없는 사안이다. 오히려 다른 사업자와의 경쟁이나 이해관계 상충 관점에서 이해하는 것이 맞다. 예를 들어 KBS 광고 축소나 폐지는 다른 방송 사업자나 신문 사업자의 광고 매출에 영향을 줄 수 있다. 따라서 KBS 광고 축소·폐지는 공영 방송 보조 재원 확보 수단으로써 KBS 상업 활동을 허용할 것인가, 허용한다면 어느 수준까지 허용할 것인가에 대한 사회적 판단의 문제일 뿐이다.

방만 경영 해소 담론

수신료 인상 이전에 공영 방송의 방만한 경영을 먼저 바로잡아야 한다는 방만 경영 해소 담론은 '공영 방송 독립성과 공정성을 훼손하는 정권 친화적인 경영진'을 방만 경영의 원인으로 지목한다. 과도한 고위직 비중과 높은 인건비 비중을 해소하고 과도한 복리 후생을 축소하는 등 비용 절감 자구책이 필요하며, 그 후에 수신료 인상 같은 재원 확보 문제를 다룰 수 있다는 주장이다.

첫째, 방만 경영의 원인이 독립성과 공정성을 훼손하는 정권 친화적 경영진 때문인가? 그렇지 않다. 방만한 경영의 사례로 제시되는 고위직 인력 구조, 과도한 인건비 비중과 복리 후생 문제는 경영진의 정파적 성향과는 별개의 사안이다. 정권 교체기마다 KBS 경영진도 따라 변동이 있었지만, 이른바 방만 경영의 문제가 해소된 적은 없다. 설령 공정하고 독립적인 경영진 선임과 감독 기구 구축이 이뤄진다 해도 방만 경영 문제는 여전히 상존한다. 이는 KBS에 요구되는 방만하고 추상적인 공적 책무와도 밀접하게 연계된다. 과도한 고위직 인력 구조나 인건비 비중 문제는 한국 공영 방송에 요구하는 공적 책무에 대한 근본적인 구조 조정 없이는 해결될 수 없는 사안이다.

방만 경영의 문제를 경영진이나 거버넌스 문제와 연계

하는 시각은 이를 상대 정파에 대한 정치적 공격의 소재로 활용하려는 의도를 내포하고 있다. 따라서 방만 경영 담론은 오히려 방만 경영 상태를 유지하고 존속시키는 효과를 낳을 수 있다. 방만 경영 상황을 해소하라고 요구할 뿐 실질적으로 어떤 해법으로 그 문제를 해소할 것인가에 대한 구체적 논의로 나아가지 않기 때문이다. 정치적 목적으로 활용되는 방만 경영 담론은 경영진이 바뀌면 자연스레 공수가 바뀌어 제기된다. 되돌이표처럼 문제를 제기하지만 실제는 방만 경영 상태를 만성화할 뿐이다.

둘째, 과도한 고위직 인력 구조와 인건비 비중 문제를 먼저 해소해야 하는가? 그렇지 않다. 고위직 인력과 인건비 비중 축소는 필요하지만, 그것이 반드시 수신료 재원 인상이나 공영 방송 제도 개선 논의를 위한 선결 조건일 필요는 없다. 앞서도 언급했지만, 수신료 재원 확보 문제는 사회적으로 필요한 공영성의 수준을 결정하는 문제이며, 인력 구조나 인건비 비중 문제는 공영성의 수준에 따라 결정될 종속 변수다. 종속 변수를 독립 변수로 다룬다는 점에서 선 방만 경영 해소 담론은 선 수신료 인상 담론과 동일한 정치적 효과를 가져온다. 실질적 논의보다는 정치적 공방을 위한 불쏘시개 역할을 하는 것이다.

물론, 과도한 고위직 인력 구조 문제와 인건비 비중 과다 문제는 해소해야 한다. 이 문제는 비용 압박의 상수로 작용하며 실질 제작비 축소로 이어져 프로그램 경쟁력에 영향을 미친다. 아무도 인건비 문제 해소의 필요성을 부인하지는 않는다. KBS 내부에서도 경영 혁신의 최우선 과제로 인건비 문제 해소가 자주 제시되어 왔다. 그러나 이 문제를 선후의 관점에서 다뤄서는 안 된다. 질문을 바꿀 필요가 있다. 먼저 해소해야 하는가가 아니라 어떻게 해소할 것인가로.

BBC의 방만 경영 해소

영국 BBC는 방만 경영 논란이 일 때마다 고위직 인력을 포함한 구조 조정을 단행하고 직급별 인원 제한과 임금 수준을 공개하는 행보로 논란에 대처했다. 이러한 BBC의 자구 노력과 경영 투명성 제고 활동은 국민들의 BBC에 대한 신뢰를 굳건히 하는 원동력 중 하나다. KBS가 그동안 인원 감축과 인건비 비중 축소를 위한 자구 노력을 일부 시행해 왔지만 근원적인 해결책이 되지는 못했다. 방만 경영을 둘러싼 담론 투쟁과는 별개로 KBS 내부의 뼈를 깎는 자성과 조치가 필요한 이유다.

셋째, 과도한 복리 후생을 축소하고 비용 절감 자구책 시행이 필요한가? 그렇지 않다. 과도한 복리 후생 축소와 비용 절감 자구책의 당위성은 인정되지만, KBS는 할 만큼 해왔고 현실적인 한계점에 도달했다. 지난 10여 년간 KBS 비용 절감을 위한 자구책 마련은 끊임없이 요구됐다. 자체 경영 평가에서도, 국회의 결산 심사 과정에서도 비용 절감 요구는 거의 매번 등장했다. KBS는 각 사업 단위 부문 예산을 일괄 축소하거나 유휴 재산을 처분하고, 복지 제도를 축소하는 등 자구 노력을 실시해 왔다. 단순히 외부의 요구 때문만은 아니다. 광고 매출 감소로 인한 경영 수지 악화가 내부로부터의 예산 긴축 압박으로도 작용했다.

그러나 이러한 자구책 노력도 거의 한계에 이른 상황이다. 더 이상 인건비 부문 이외의 추가적인 비용 절감 방안을 찾기 어려운 상황이다. 마른빨래를 쥐어짜 봐야 아무 소용이 없다. 오히려 과도한 절감 압박은 프로그램 제작비 축소나 우수 인력 유출과 같은 경쟁력 약화 요인이 될 수 있다.

공영 방송 수신료 폐지 대세론

영국은 2028년 이후 BBC 수신료를 폐지할 예정이다. 프랑스는 2022년 이미 공영 방송 수신료를 폐지했다. 일본 NHK도 2020년 수신료를 인하했다. 공영 방송 수신료 폐지와 축소는 세계적 추세다.

외신을 인용해 국내 일부 언론들이 보도하는 해외 공영

방송 수신료 동향이다. 미디어 이용의 중심축이 전통적인 실시간 TV 시청에서 비실시간 주문형 온라인 동영상 서비스로 옮겨 가는 상황에서 이제 수신료 기반의 전통적인 공영 방송 서비스는 정당성을 잃고 조종을 울릴 기세처럼 보인다.

　　과연 공영 방송 수신료 폐지와 축소는 세계적 추세인가? 그렇지 않다. 공영 방송 수신료를 둘러싼 해외 각국 고유의 논의 지형을 고려하지 않고, 수신료 폐지나 축소라는 현상만 자의적으로 인용하는 방식의 탈맥락적 보도는 오히려 세계적 추세를 가리는 효과를 가져온다. 팩트 체크가 필요한 까닭이다.

총선 결과가 변수, 영국 BBC

영국은 2028년 이후 BBC 수신료를 폐지하는가? 그렇지 않다. 현 보수당 정부 기조가 기존 수신료 징수 모델을 폐지하고 새로운 대안적 재원 모델을 모색하는 입장인 것은 사실이다.

　　보수당 정부는 이미 2015년에도 BBC의 법적 의무와 권한을 명시하는 법률과 같은 성격을 지닌 칙허장을 갱신하는 과정에서 수신료 제도 현대화라는 의제를 검토했다. 수신료 모델 대안으로 구독료 모델, 광고 수익 모델, 소득세 모델 등이 거론되기도 했다. 그러나 보도처럼 BBC 수신료 폐지가 확정된 것은 아니다.

우선 2028년부터 적용될 새로운 BBC 칙허장은 2024 년 총선에서 승리한 집권당과 BBC 간의 협상을 통해 결정된다. 총선 결과가 변수로 작용할 수 있다. 한편, BBC 칙허장과 협약 갱신은 집권당의 일방적인 정책 결정으로 내려지는 것은 아니다. 이 과정에는 영국 특유의 타협적 정치 문화가 작동한다. 칙허장 갱신은 협약의 주체인 BBC와 정부(문화매체체육부), 그뿐만 아니라 상원과 하원, 시민단체, 사업자 등 다양한 이해관계자 사이의 논쟁과 타협, 조정을 통해서 이뤄진다. 따라서 현시점에서 BBC 수신료 제도와 관련하여 어떤 정책 결정도 내려진 것이 없다고 봐야 한다.

다른 재원을 모색하는, 프랑스 FTV

프랑스는 2022년 공영 방송 수신료를 폐지했는가? 사실이다. 이전까지 프랑스 공영 방송 수신료는 TV 수상기 보유 가구에 부과하는 조세(가구세) 성격을 지니고 있었고, 실제 징수도 조세 당국이 주민세와 통합해 부과해 왔다. 그러나 2022년 조세 성격의 수신료를 폐지했다.

이제 프랑스 공영 방송 재원은 사라진 것인가? 그렇지 않다. 2025년까지 새로운 자금 조달 계획을 마련할 예정이다. 그때까지는 한시적으로 부가 가치세 수입 중에서 기존 수신료 총액 규모만큼을 전용해서 사용한다.

이러한 프랑스 공영 방송 수신료 폐지 결정 이면에는 공영 방송 독립성과 거버넌스 논란[35], 방만 경영 논란, 일부 정치권의 민영화 주장 등 복잡한 정치 맥락 속에서 프랑스 정부의 선제 대응이 자리하고 있다. 프랑스가 공영 방송 수신료를 폐지하고 다른 재원을 모색하는 것을 두고 단순히 공영 방송을 압박하는 수단으로 오해해서는 안 되는 이유이기도 하다.

그때그때 바뀌는, 일본 NHK

일본 NHK는 수신료를 인하했는가? 사실이다. NHK는 2020년 10월 기존 수신료에서 2.5퍼센트를 인하했고, 2023년 10월 이후에 다시 10퍼센트를 인하한다.[36]

그러나 NHK 수신료 인하는 공영 방송 수신료 제도 폐지나 개혁 논쟁과는 상관이 없는 사안이다. NHK 수신료 산정은 총괄 원가 방식으로 이뤄진다. 예상되는 총지출 경비를 산정하고 그에 맞춰 수입(수신료 수입+이월 금액) 규모를 설계하는 방식이다. 적자가 나면 수신료를 인상할 수 있고, 반대로 흑자가 나면 수신료를 인하할 수 있는 시스템이 작용한다.

실제로 2020년에는 흑자로 인해 이월금 규모가 커지면서 총무성과 자민당이 수신료 인하를 요구했고 NHK는 2.5퍼센트를 인하했다. 2023년에는 위성 2개 채널을 1개 채널로 통합[37]하는 방식의 경비 절감 계획을 수립하고 이를 반영하여 수신료 인하를 결정한 것이다.

　이처럼 해외 각국의 공영 방송은 서로 다른 제도적 맥락에서 서로 다른 재원 모델을 기반으로 운영되고 있다. 이러한 맥락적 특수성을 고려하지 않고, 수신료 폐지나 규모 축소를 단순하게 공영 방송 정당성의 탈각이나 민영화 추진으로 생각하는 것은 특정 목적에 따른 자의적 해석에 그칠 뿐이다.

KBS가 없어진다면

정부가 수신료를 전기 요금과 분리해서 징수하는 시행령을 의결한 후 달라진 것은 무엇일까? 표면적으로는 수신료를 없 애는 게 아니라 징수 방식의 변화를 의미할 뿐이다. 그렇지만 이 변화의 목표가 무엇인지는 사실 우리 모두가 잘 알고 있다. 정부와 집권 여당도 그 목표를 부정하지 않는다. 수신료 분리 징수를 시작으로 KBS 이사회 교체, 사장 교체, KBS 2TV 민영 화 등 이미 이뤄졌고 또 앞으로 펼쳐질 것으로 예견되는 사건 등이 목표하는 것 역시 동일하다. 현재 KBS 시스템을 흔들고 무너뜨리는 것. 'KBS는 노영 방송이다. 권력과 자본이 아닌 노조로부터 독립해야 한다', '정파적 보도를 내는 시스템을 먼저 교정해야 한다' 등 정부가 하는 말들의 표적 역시 정확 히 이 부분을 겨냥하고 있다.

수신료 분리 징수가 어느 정도의 흔들림과 혼돈을 KBS 에 가져올지는 아직 미지수다. 그러나 이것이 KBS 이사회, 사 장 교체 등 거버넌스 개편, 그리고 KBS 2TV 민영화 등 방송 구조 개편과 맞물려 돌아가면 상당히 큰 혼란을 초래할 것은 분명하다. 이 혼란이 시청자의 권익과 관련 있을까? 그럴 리 는 없다.

구체적으로 이 흔들림을 통해 타격을 받는 것은 한국 사회에서 공영 방송 제도가 수행하는 공적 서비스의 퇴보다.

사적 서비스든, 공적 서비스든 그 서비스의 질은 서비스를 만들어 가는 토대로서 자본과 인력의 규모 및 질에 달려 있다. 당장 수신료 분리 징수가 되고 그 결과 수신료 수입이 삐걱거리면, 그리하여 지난 10여 년간 1조 5000억 원에 갇혀 있던 KBS의 매출액 숫자가 아래로 뚝뚝 떨어지게 되면 그만큼 자본과 인력의 양과 질 모두가 나빠질 수밖에 없다. 공적 서비스를 일선에서 수행하는 제작 현장은 줄어든 제작비로 허덕이게 될 것이다. 출연자, 작가, 스태프 등 수많은 제작 인력이 일자리를 잃고 새로운 일자리를 찾아 떠나게 될 것이다.

KBS 내부적으로는 구조 조정의 불안 속에서 정치적으로 가장 힘이 없는 약한 고리, 지난 정권에 부역했다는 꼬리표가 붙은 집단부터 구조 조정 1순위에 자리 잡을 개연성이 크다. 더불어 2TV 민영화 등 방송 구조 개편과 맞물려 특정 사업 부문 분리 등이 이뤄질 수 있다. 공영 방송의 경우 이 결정 역시 정치적인 영역에 속한다. 작금의 상황은 정부가 무소불위한 전권을 휘두르고 있기 때문에 경제적 합리성이나 시청자 권익에 앞서 정치적인 이해관계에 의해 결정될 가능성이 높다. 그러다 보니 한국 공영 방송의 미래를 상상할 때 정치권력의 의중, 감정을 눈치 보지 않을 수 없다. 현재 정치권력의 의중은 'KBS 죽이기'를 염두에 두고 있는 것 같다. 이유는 하나, 본인들이 볼 때 편파적이라고 판단하기 때문이다.

KBS가 정파적이라는 정치권력의 인식은 대단히 모호하고, 대부분 주관적이다. KBS가 방만하다는 비판 역시 마찬가지다. 자신의 주관적 경험, 자주 만나는 사람의 평가, 살아온 공간의 정치 풍경에 근거해 마주한 KBS의 단면일 뿐 여기에 구체적인 근거는 없다.

그렇다고 KBS가 공정하고 윤리적이며 효율적이라고 주장하는 건 아니다. 다만 KBS가 가지고 있는 편향성, 윤리성, 방만성의 문제는 정확히 한국 사회가 가지고 있는 문제의 연장선이지, 이보다 더하지는 않다는 것이다. 좀 더 정확히 말하면 적어도 KBS는 한국 사회가 가진 병폐를 내재화하고 있을지언정 적나라하게 전시하지 않는다. 극단적으로 편향적이지도, 극단적으로 비윤리적이거나 극단적으로 방만하지 않다는 거다.

그 이유가 바로 수신료다. 수신료의 가치는 KBS에 입사하며 기사를 쓰고, 프로그램을 제작하는 매 순간 자기 스스로를 규율하는 준거 틀이다. 내가 쓴 기사가 편향적인 것은 아닐까? 우리가 제작한 프로그램이 누군가에게 불편함으로 다가서지는 않을까? 수신료로 받게 되는 나의 월급이, 진행비가, 제작비가 너무 과도한 것은 아닌가? 원하든 원하지 않든 이런 질문을 하게 되고, 받게 된다. 대단한 직업 윤리 때문이 아니다. 그렇게 하지 않으면 내가 쓴 기사가 송출되지 못하고, 내가 기획한 프로그램이 제작될 수 없는 위험에 처하기 때문이다. 방송이 끝난 후 감사실이든 방송통신심의위원회든 끌려다니면서 소명해야 하는 괴로운 일들이 펼쳐지기 때문이다. 그렇게 자기 검열을 하다 보면 때론 자율성과 창의성이 훼손된다는 느낌도 들지만, 평균적으로 다른 여타 언론사나 방송사에 비해 편향성이나 비윤리성이 줄어드는 효과가 나타난다.

물론 과거에도 그랬고 앞으로도 KBS의 어떤 기사나 프로그램은 편향적이라는 비판을 받을 것이다. KBS가 방만하다는 비판 역시 마찬가지다. 이런 문제들은 어떤 부분에서는 정확히 설명하고 반성하며 책임지고 가야 하는 문제다. 그런데 바로 이런 문제 때문에 정치권력이 KBS를 망가뜨리기로 결정한다면? 이건 차원이 다르다.

KBS를 망가뜨리면 우리 사회는 좀 더 건강해질까? 시민들은 좀 더 행복해질까? 서로가 서로를 이해하고 공감하는 장은 좀 더 넓어지고, 분열과 갈등의 이야기는 좀 더 줄어들까? 내일의 한류 콘텐츠를 이끌어 갈 젊은 인력들은 좀 더 체계적으로 육성되고 키워질까? 프로그램의 질은 높아질까? 프로그램의 다양성은 강화될까? TV가 유일한 삶의 즐거움인 시청자를 위해 만들어진 프로그램과 광고주를 위해 만들어진 프로그램에서 어디에 무게 중심이 쏠릴까?

'공영 방송이 없어진다면', 'KBS를 망가뜨리면' 뭐가 좋을까를 생각하면 생각할수록 우리는 공영 방송이 여전히 필요하다는 역설과 마주하게 된다. 그리고 상업 방송과 무관하게 이런 방송이 하나쯤 있으면 어떨까 하는 바람을 가지게 된다.

정부 정책을 사실에 근거하여 비판하고 감시하며 대안을 제시하는 방송. 대통령이든 정부 여당이든 야당이든 문제가 있다면 의혹을 제기하고 심층적으로 추적하는 방송. 정치인의 발언을 그대로 전달하는 것이 아니라 그 발언의 진위를 확인하는 방송. 코로나19와 같은 감염병이 창궐하고 부정확한 정보들이 난무할 때 믿을 수 있는 정보를 제공하는 방송. 지진, 장마, 홍수, 산불 등 재난·재해가 발생했을 때 가장 먼저 찾아볼 수 있는 방송. 〈차마고도〉, 〈누들로드〉처럼 세계적으로 인정받는 고품격 다큐멘터리, PPL에 목매지 않는 대하 역사 드라마, 국민에게 감동을 주는 예능, 나훈아부터 BTS까지 모두가 함께 즐길 수 있는 음악 프로그램, 〈개그콘서트〉가 처음 선보였을 때처럼 새로운 형식의 코미디. 언제, 어디서나, 어떤 플랫폼에서도, TV든 휴대 전화든 어떤 기기로든 이 모든 콘텐츠를 접할 수 있는 방송. 실시간은 기본이고 몇십 년 전 방송이든 어제 한 방송이든 다시 보기가 가능한 방송. 세계 10위권에 들어가는 한국과 한국의 문화, 가치를 세계에 알리는 한국의 대표 방송. 우리 지역과 관련해 가장 많은 정보를 정확하게 전달하고 우리 지역의 이슈와 지역색을 살린 콘텐츠를 만들어 전국에 내보내는 방송. 유아와 어린이, 청소년에게 보여주고 싶은 방송. 장애인, 노인, 다문화, 외국인 등 다양한 사회 구성원의 이야기를 접할 수 있는 방송.

이런 방송이 하나쯤 있으면 좋겠다고 생각한다면, 그것이 바로 공영 방송의 역할이 된다. 공영 방송은 그 사회 구성원들이 필요로 하는 공적 역할을 수행하는 데 존재 이유가 있기 때문이다.

거듭 강조하지만, 공영 방송은 그 사회의 정치, 경제, 사회, 문화, 역사 속에 있는 제도다. 즉, 공영 방송을 폐기하지 않고 고쳐 쓰기로 우리가 합의한다면, 공영 방송을 리빌딩하는 것은 정부, 정당, 기업, 사회단체, 시민에 이르기까지 모든 사회 구성원이 관여해야 하는 일이 된다. 해야 할 일은 한두 가지가 아니다.

허약한 제도적 토대

공영 방송의 텅 빈 정의

우리 사회에서는 공영 방송의 필요성과 역할에 대한 사회적 논의가 부재했다. 현행 방송법에서도 여실히 드러난다. 현행 방송 관련 법 어디에도 '공영 방송'이라는 용어와 법적 정의는 찾아볼 수 없다. '공영 방송'의 법적 정의가 없다 보니 '공영 방송 사업자'도 존재하지 않는다. 국내 법규에서 '공영 방송'이란 용어가 나오는 유일한 법령은 공직선거법뿐이다.

공직선거법은 제8조의7 제2항에서 중앙선거방송토론위원회 및 시·도 선거 방송 토론 위원회를 구성할 때 공영 방송사가 추천하는 사람도 1명 포함해야 한다고 규정한다. 그러면서 한국방송공사 KBS와 방송문화진흥회법에 따른 방송문화진흥회가 최다 출자자인 MBC를 공영 방송사로 정의한다.

방송법은 어떨까? 현행 방송법은 제2조(용어의 정의)에서 방송 사업자를 지상파 방송 사업자, 종합 유선 방송 사업자, 위성 방송 사업자, 방송 채널 사용 사업자, 공동체 라디오 방송 사업자, 중계 유선 방송 사업자, 음악 유선 방송 사업자, 전광판 방송 사업자, 전송망 사업자로 구분한다. 그리고 방송법은 모든 방송 사업자에 대해 동일한 방송의 공적 책임(방송법 제5조)[38]과 방송의 공정성과 공익성(제6조)[39] 조항을 적용한다. KBS, MBC, SBS, LG헬로비전, SK브로드밴드, KTSkyLife, TV조선, JTBC, 채널A, MBN, tvN 모두 방송의 공적 책임, 방송의 공정성과 공익성을 준수해야 한다.

물론, KBS를 별도 취급하는 조항도 일부 있다. KBS는 국가 기간 방송으로서(제43조 제1항) 공적 책임을 부여받고(제44조), 시청자가 제작한 프로그램을 의무적으로 편성해야 한다(제69조 제7항). 방송법 제44조에 명시된 공사의 공적 책임은 방송의 목적과 공적 책임, 방송의 공정성과 공익성 실현(제1항), 지역과 주변 여건과 관계없는 양질의 방송 서비스 제공(제2항), 공익에 기여할 수 있는 새로운 방송 프로그램·방송 서비스 및 방송 기술 연구·개발(제3항), 민족 문화 창달과 민족의 동질성 확보 프로그램 방송(제4항), 지역적 다양성 구현과 지역 사회 균형 발전에 기여하는 프로그램 방송(제5항) 등이다.

그런데 무언가 기시감이 든다. 모든 방송 사업자에게 부여된 방송의 공적 책임(방송법 제5조), 방송의 공정성과 공익성(제6조) 조항에 대부분 포함된 내용이기 때문이다. 굳이 다른 걸 찾자면, 지역과 주변 여건과 관계없이 양질의 방송서비스를 제공받을 수 있도록 노력하는 것, 즉 난시청 해소에 대한 것만 다른 방송 사업자에게 요구하지 않는 공적 책임이다. 법 조항이 이렇다 보니 이들 조항으로는 공영 방송이 왜 필요한지, 공영 방송이 다른 방송들과 차별적으로 수행해야 하는 책무는 무엇인지, 이 역할을 해야 하는 방송사는 누구인지, 이러한 책무를 수행하기 위한 지원과 규제의 내용은 무엇이 되어야 하는지 알 수 없다.

공영 방송의 현실

공영 방송의 현실적 모습도 혼란스럽다. 공영 방송의 이상적 요건이 공적 소유와 공적 재원, 공적 서비스라고 하지만, 우리 사회에서 이를 동시에 만족시키는 방송사는 존재하지 않는다. KBS와 EBS는 공적 소유이면서 수신료를 받지만, 광고도 한다.

MBC는 방송문화진흥회라는 공익 법인이 최대 주주지만 상법상 주식회사로서 재원을 광고에 의존하고 있다. SBS는 민간 기업인 태영건설 지주사 TY홀딩스가 소유하고 광고를 재원으로 하지만 방송의 공적 책임에서 자유롭지 못하다. 이에 따라 한국에서 공영 방송의 범주는 KBS와 EBS에 한정된다는 시각부터 MBC를 포함해야 한다는 의견, 지상파 방송 전체가 공영 방송에 해당한다는 관점까지 다양하게 나타난다.[40]

공영 방송으로 분류하는데 가장 이견이 적은 KBS와 EBS의 경우에도 재원 중 수신료가 차지하는 비중은 2022년도 말 기준 KBS가 46.8퍼센트, EBS가 6.9퍼센트 수준에 불과하다.[41] KBS 1TV는 광고를 하지 않지만 KBS 2TV는 광고를 할 뿐 아니라 프로그램과 편성 측면에서도 MBC나 SBS와 차별적이지 않다.

MBC의 성격은 더욱 모호하다. 공적 재단인 방송문화진흥회가 70퍼센트의 지분을 확보한 최대 주주이지만 정수장학회가 30퍼센트의 지분을 확보하고 있고, 재원은 100퍼센트 광고를 포함한 상업적 수익에 의존하고 있기 때문이다. MBC의 독특한 소유 구조와 그러한 소유 구조가 가능했던 방송의 정치적 역사, 100퍼센트 상업적 재원 형태 등은 '태생적 이중성'[42]에 기반한 '기형적 형태'[43]이면서도 '공영적 민영 방송'[44]으로서 MBC의 독특한 위상을 가져왔다.

이러한 현실은 사업자별로 자신의 이해관계에 따라 때로는 공적 책임을 내세우고 때로는 상업적 이윤 추구를 우선하는 비일관적인 행태를 가능하게 한다. KBS는 수신료와 관련해서는 공영 방송의 공적 책임을 전경화하면서도, KBS 2TV의 상업적 편성과 시청률 경쟁, 지상파 방송 재송신 대가 지급 문제 등에서는 상업 방송 사업자들과 차별화되지 않는다.

MBC는 스스로 공영 방송을 자처하지만[45], 편성과 시청률 경쟁에서 상업 방송과 큰 차이가 없는 행태를 보인다. 상업 방송인 SBS는 재허가 심사를 받을 때마다 지상파 방송으로서 공적 책임을 지속적으로 요구받았다. 공영 방송에 대한 법적 정의가 부재한 대신 지상파 방송 전체의 공공성을 중시해 온 현 방송 체제는 KBS 1TV를 제외한 나머지 상업적 재원에 의존하는 지상파 방송들, 즉 KBS 2TV나 상업 방송인 SBS, 공·민영 혼합 형태의 MBC, 교육방송인 EBS까지 그 역할과 책무에서 구분되지 않는 결과를 낳았다.[46]

공영 방송에 대한 법적 정의도, 현실적 규범력도 부재

한 상황이다. 우리 사회가 요구하는 공영 방송의 역할, 이를 수행할 방송 사업자가 누구인지는 더욱 모호해진다. 이런 모호성은 공영 방송에 대한 정책 수립은 물론 공영 방송과 민간 상업 방송에 대한 차별적 규제도 불가능하게 만든다.[47] 공·민영 구분 없이 방송 일반의 임무를 매우 포괄적으로 규정함으로써 민영 방송에게는 과도한 규제 가능성을 야기하고, 공영 방송에게는 공적 역할의 수행 여부를 감독할 수 없는 규제의 비효율성 문제가 제기되는 것이다.[48]

공영 방송은 모든 방송 사업자에게 요구되는 보편적 임무와 구분되고 민영 방송과도 다른 차별적인 공적 책임을 수행하는 데서 존재의 필요성과 정당성을 확보할 수 있다. 차별적 책무 규정이 모호하다 보니 공영 방송의 구체적인 업무 내용과 업무 수행 결과에 대한 평가, 업무 수행에 요구되는 필요 재원의 규모 등을 논의하기 어렵다.

이러한 결함은 우리 사회 공영 방송의 현주소에서 여실히 드러나고 있다. 공영 방송 제도의 토대 자체가 허약한 현실에서, KBS는 공영 방송의 대표 격으로 취급받아 왔다. 그리고 KBS에 대한 대단히 모호하고 주관적인 비판, 가령 KBS는 편향적이고 방만하다는 이미지와 느낌은 공영 방송에 대한 비판의 주된 단골 메뉴가 되었다.

이 오해는 공영 방송 제도의 진화와는 무관한 방식으로

집권층, 주요 언론, 오피니언 리더들에 의해 이야기되고 사라지고 부활하는 양상을 보여 왔다. 그 사이 KBS도, 공영 방송 제도도 한치도 앞으로 나아가지 못하는 국면에 빠지게 된다. 그렇다면 이제 무엇을 해야 하는가?

어떤 혁신인가

공영 방송과 관련한 모든 논의에서 일차적인 당사자는 공영 방송 그 자신이다. 스스로 추진하는 혁신과 변화는 아무리 강조해도 지나치지 않다. 공영 방송은 누구보다 자발적이고 주체적으로 공영 방송 제도의 재정립을 위해 최선의 노력을 다해야 한다. 지금까지 공영 방송으로서 제대로 수행하지 못한 공적 책임의 내용을 반성하고 그러한 잘못을 개선하기 위해 무엇을, 어떻게 할 것인지 고민해야 한다. 그리고 그 내용을 시민에게 공개적으로 약속하고 평가받아야 한다.

너무 많은 과제가 있고, 그 과제 중에는 공영 방송 혼자서 할 수 없는 과제도 적지 않다. 여기서는 공영 방송이 스스로 할 수 있고 해야 하는 과제들부터 살펴본다.

독보적인 저널리즘

첫째, 독보적인 저널리즘을 구현해야 한다. 공영 방송은 정부와 정당 등 정치권력, 기업, 이익 집단 등 모든 이해관계 집단으로부터 독립적으로, 모든 권력을 감시하고 견제하며 비판하고 사회 문제에 대한 대안을 제시할 수 있는 공론장으로서의 저널리즘을 실현하는 데 존재 의의가 있다.

그러나 이러한 역할에서 현재의 공영 방송은 좋은 평가를 받고 있지 못하다. 1980년대 전두환 정권 시절 소위 '땡전뉴스'부터 이명박 대통령의 주례 라디오 연설 방송에 이르기까지, 정권의 홍보 수단으로 활용된 기억은 선명한 반면 세월호 참사 당시에도, 박근혜 대통령 탄핵 국면에서도 공영 방송은 자신의 존재감을 각인시키지 못했다. 재난·재해 발생 시국가 거점 재난 방송이라고 하면서도, 고성 산불 당시에는 고성 현장에 가지도 않고 뉴스를 방송했다. 이태원 참사 당시에도 타 방송사와 다른 공영 방송만의 차별적인 뉴스를 내보내지 못했다.

공영 방송은 사회적인 이슈가 발생했을 때, 가장 신속하면서도 정확하고, 심층적이면서도 다양한 의견을 제공할수 있는 보도를 해야 한다. 불확실하고 논란이 되는 사안에 대해 사람들이 "KBS 틀어 봐", "KBS에서는 뭐래?", "KBS에서그렇게 보도했으면 그게 맞을 거야"라고 얘기할 수 있어야한다.

우리 사회는 '기레기'라는 말이 일상어가 될 정도로 언론에 대한 신뢰도가 낮고, 언론마다 뚜렷한 정치색을 가지고 있다는 걸 대부분이 인식할 정도로 정파성이 강하다. 게다가 정치적 양극화도 매우 심화되어 있어 나와 입장이 같은 언론을 중심으로 뉴스를 소비하고, 내가 지지하는 정당이나 정치인에 대해 불리한 보도는 '가짜 뉴스'라고 이름 붙이는 경향도 심각하다. 이런 현상을 완화시키기 위해 노력해야 하는 정치인들이 가장 '가짜 뉴스'라는 표현을 많이 써가며 자신에게 비판적인 보도를 한 언론을 공격하는 양상도 나타난다. 이런 현실에서 공영 방송은 내가 지지하는 정당과 정치인이 누구더라도 인정할 수밖에 없는 독보적 저널리즘을 구현해야 한다.

보수든 진보든, 여당 지지자이든 야당 지지자이든 수긍할 수밖에 없는 보도는 기본적으로 사실에 충실한 보도다. 진실을 추구하고, 사실 관계에 집착하며, 다양한 이해관계자와 전문가의 의견을 제공하면서 깊이 있는 뉴스를 만드는 것은 공영 방송이 포기할 수 없는 공적 책임이다.

공영 방송 보도의 공정성에 대한 논란은 앞서 살펴본 공영 방송의 지배 구조와 연결되면서 일정 부분 정치 과잉화되어 있는 측면도 있다. 중요한 것은 여기에 대처하는 공영 방송의 태도다.

BBC 역시 보도의 공정성 논란에서 자유롭지 못하다. 그러나 BBC는 보도의 공정성 논란에 대해 적극적으로 대응하고 개선하려는 모습을 보인다는 점에서 KBS와 차이를 보인다. 2021년 BBC는 임원, 기자, 직원, 방송 진행자 등 100여 명이 넘는 직원 인터뷰를 통해 제작 체계와 문화를 분석한 〈세로타 보고서〉를 만들었다.[49] 이를 바탕으로 방송 공정성 확보를 위한 10가지 실행 계획 〈BBC 공정성과 제작 기준〉을 발표했다.[50] 이 기준으로 2022년에는 정부의 공공 지출과 관련한 BBC 보도의 공정성을 평가해 결과를 발표했고[51], 올해는 이주Migration를 소재로 한 BBC 프로그램에서 방송 공정성이 확보되었는지를 평가할 계획이다.[52]

지금 KBS는 대내외적인 공정성 논란, 정파적 공격에 정면 돌파할 수 있는 내부 역량과 당당함, 자신감이 있는가 돌아볼 필요가 있다. 객관성과 공정성에 대한 의심과 비판을 넘어서는 길은 투명성과 설명 책임을 강화하는 것뿐이다.

가장 창의적이고 혁신적인 콘텐츠

둘째, 가장 창의적인 콘텐츠와 서비스로 인정받아야 한다. 상업 방송이 하지 않는 콘텐츠, 소수자와 사회문화적 다양성을 반영하는 콘텐츠, 역사 대하드라마, 수년의 제작 기간과 제작비가 들어가는 다큐멘터리, 수준 높은 드라마, 온 가족이 함께 볼 수 있는 예능, 다양한 장르의 음악 콘텐츠 등 공영 방송이 제공해야 하는 프로그램들은 매우 폭넓게 걸쳐져 있다. 〈아침마당〉, 〈6시 내고향〉 같은 장수 프로그램들, 〈인간극장〉, 〈가

요무대〉, 〈전국 노래자랑〉 같은 프로그램들도 공영 방송의 몫이다.

　　대작만이 아니라 저비용 저예산으로 좋은 콘텐츠를 만드는 창의성이 필요하다. KBS의 영상 아카이브를 재구성해서 대한민국의 오늘을 돌아보는 다큐멘터리 〈모던코리아〉가 그 예가 될 수 있다. 또한 지역별, 연령별, 계층별로 우리 사회의 다양한 집단에 필요한 콘텐츠를 제공해야 한다. 공영 방송은 상업 방송과 차별적이면서도 동시에 많은 사람이 봐야 하는 대중성도 겸비해야 한다. 쉽지 않은 과제다. 다수가 보는 차별적이면서도 공익적인 콘텐츠를 만들기 위한 노력은 공영 방송의 숙명이다.

　　이를 위해 창의적 인력을 양성하고, 과감하고 실험적인 콘텐츠를 시도할 수 있는 조직 문화를 만들어 나가야 한다. 사내에 좋은 프로그램을 만들기 위한 선의의 경쟁을 독려하고, 좋은 프로그램에 대해서는 인센티브와 같은 성과 보상을 통해 평가하며, 우수한 제작 인력이 유출되는 것을 방지해야 한다.

　　콘텐츠 영역뿐 아니라 서비스 영역에서도 공영 방송은 변화해야 한다. 미디어 이용의 중심축이 온라인으로 이동하고 있음을 감안하면, 공영 방송의 중심축 역시 온라인으로 이동해야 한다. 앞으로 인터넷이 더욱 지배적인 소통 공간이 될 것이라 예측한다면, 공영 방송은 그 공간에서 주도적이며 압도적인 위상을 확보하는 방향으로 조직의 비전을 설정해야한다. 방송을 넘어 디지털 플랫폼에서 그 가치를 인식시킬 수있는 전략을 고민해야 하는 것이다.

최근 KBS가 출시한 무료 OTT 서비스 'KBS+'는 그 전략적 사례가 될 수 있다는 점에서 긍정적이다. KBS+는 기존 모바일 앱인 'my K(마이K)'를 리브랜딩하여 KBS 1·2TV 및 KBSN의 5개 채널(드라마·조이·스토리·키즈·라이프) 실시간 방송과 다시 보기, 5만여 건의 드라마·예능·시사교양 콘텐츠 등을 이용할 수 있는 애플리케이션이다. KBS가 제작, 보유하고 있는 〈차마고도〉, 〈누들로드〉, 〈요리인류〉 등 고품격 다큐멘터리와 〈불멸의 이순신〉, 〈태종 이방원〉, 〈해신〉 등 대하 역사 드라마도 제공한다. 어린이 이용자를 위한 키즈 모드, 디지털 소외 계층을 위한 간편 모드 등을 도입했고 재난·재해 발생 시 KBS 편성시스템과 연계하여 실시간 상황을 알려 준다. KBS가 공영 방송을 넘어 공영 미디어로 나아가기 위해서는 KBS+와 같은 디지털 플랫폼을 확대 강화하고 이를 통해 대다수의 국민이 보편적으로 KBS의 모든 콘텐츠를 향유할 수 있어야 한다.

수신료, 어떻게 쓸 것인가

셋째, 강도 높은 자구 노력과 경영 혁신을 해내야 한다. 지금까지 공영 방송에는 방만 경영과 고액 연봉 논란이 꼬리표처럼 붙어 다녔다. 경영에 대한 국민의 평가는 결코 호의적이지 않다. 그러나 국민이 지불하는 수신료로 운영되는 공영 방송은 투명하고 효율적으로 운영돼야 한다. 경영에 대한 비판 일부는 공영 방송을 압박하는 수사일 수도 있지만, 수신료를 재원으로 하는 공영 방송의 비용 집행 내역과 경영 성과는 상시적인 감시의 대상이 될 수밖에 없다.

공영 방송의 특성을 고려하면 민간 기업에 요구되는 경영 효율성의 잣대만으로 공영 방송을 평가할 수 없다. 공영 방송의 일차적 목표는 공적 책무의 수행이고, 경영의 성과는 공영 방송이 이행해야 하는 공적 책무의 연장선상에서 평가되어야 한다. 공영 방송의 경영 효율성은 단순한 이윤이나 적자 규모만으로 평가할 수 없는 것이다. 공영 방송의 이윤이 방송 프로그램 제작에 필요한 비용을 줄이면서 공영 방송의 공적 책무를 소홀히 한 결과 발생한 것일 수 있고, 공익적이면서도 시장 경쟁력이 있는 프로그램을 제작하는 데 비용이 많이 들어 손실이 발생할 것일 수도 있기 때문이다.[53]

그러나 이것이 국민이 낸 수신료를 흥청망청 써도 된다는 것을 의미하지는 않는다. 공영 방송이 자신의 공적 책임을 달성하기 위해 재원을 어떻게 배분했는지, 구체적인 집행 내역이 공영 방송의 역할에 부합하는지, 얼마나 효과적으로 집행했는지 등에 대해 자체적인 평가를 진행하고 그 결과를 투명하게 공개하며 외부 규제 기구로부터 검증받아야 한다.

KBS는 2021년 7월 수신료 조정안을 제출하면서 인력 감축과 경영 계획을 제시한 바 있다.[54] 2026년까지 920명을 단계적으로 감축하고 2024년까지 인건비 비중을 30퍼센트 이하로 줄이는 것을 목표로 하며, 특별 명예퇴직을 실시하면서 직무 재설계를 통한 효율적 인력 운영을 강화하겠다는 것이다. 또한 초긴축 예산 운영을 통해 경비를 절감하고 콘텐츠 경쟁력을 제고하여 콘텐츠 판매 수입을 확대하며, 2026년까지 폐소된 송·중계소 등 유휴 자산을 매각하겠다고 했다.

이와 같은 자구 노력과 함께 조직 혁신도 약속했다. 직종별, 본부별, 장르별 조직을 원점에서 재설계하여 제작 시스템과 제작비 예산 규정을 정비하고 고호봉, 고연령, 연공서열형 인력 구조를 개선하며 계열사 통폐합을 추진하겠다는 내용도 포함되었다.

계획 발표에 이어 중요한 것은 이러한 약속을 얼마나 이행했는지, 그 성과는 어떠한지 주기적으로 공개하고 시청자들과 소통하는 것이다. 이러한 설명 책임만이 공영 방송의 경영에 대한 오해를 불식시킬 수 있는 길이다. 이러한 노력이 성과를 거두어야 공영 방송 재원 문제를 논의할 수 있다.

그리고 이러한 논의 과정의 핵심은 단순한 인력 축소나

구조 조정, 경비 절감만이 아니라 공영 방송의 책무 재설계라는 명확한 목적의식 아래 진행되어야 한다. 이는 단순히 유휴 자산 매각, 유료 방송 플랫폼이나 넷플릭스 등 글로벌 OTT를 대상으로 한 콘텐츠 판매 수입 확대, 광고나 기타 수입 등 상업적 수입을 확장하는 것이 공영 방송의 핵심적 방향이 되어서는 안 된다는 것을 의미한다.

공영 방송이 경영 혁신을 이유로 상업적 활동을 확대하고 그것에 의존해 생존하려는 순간, 민간 상업 방송과 차별성이 사라지고 공영 방송의 정체성은 흔들린다. 그렇다고 해서 공영 방송의 공적 책무를 재난 방송, 지역 방송, 국제 방송과 같은 특정 역무를 중심으로 한정하거나 강조해서는 안 된다. 이러한 접근은 공영 방송을 게토화하는 것이 될 수 있다. 민간 상업 방송보다 수월한 창의성과 흥미로운 콘텐츠를 제작하고 시청률과 성과로 입증하는 것은 공영 방송의 가장 기본적인 책무에 해당하고, 이러한 책무를 다하면서 재난 방송이나 국제 방송도 공적 책무로 이행해야 하기 때문에 공영 방송이 존재의 가치를 인정받는 것이다.

즉, 상업 방송과 경쟁할 수 있는 콘텐츠와 서비스를 바탕으로 상업 방송이 하지 못하는 공적 역할을 수행하기 위해 상업적 수입과 공적 재원의 균형을 도모하는 어려운 과제를 풀어가야 한다.

보도의 공정성 확보, 창의적인 콘텐츠와 서비스 개발, 강도 높은 자구 노력 외에도 공영 방송은 자신의 모든 영역에서 혁신을 추구해야 한다. 이 모든 노력을 관통하는 핵심은 끊임없는 자기 규율과 평가, 그 결과에 대한 설명 책임이다.

공영 방송은 설명 책임을 통해 자신이 수행한 공적 책임의 이행 결과를 수신료 납부자인 시민에게 공개하고 성과와 미진한 부분에 대해 설득해야 한다. 이는 설명 책임의 주체를 명확히 하고 설명 내용과 평가 방식에 대한 절차적 제도를 마련함으로써 구현된다. 형식적인 경영 평가나 방송 평가, 재허가 심사 위원회를 대상으로 한 청문의 형태가 아니라 상시적인 시민과의 소통을 제도화하는 것이다. 시청자 불만 내용과 처리 결과에 대한 공개, 공정성 이슈에 대한 자기 평가와 보고, 수신료에 대한 수치 중심의 근거 제시와 설득, 조직 개편과 혁신에 대한 계획, 기술 개발과 성과에 대한 발표 등 공영 방송에 관한 모든 이슈에 대해 투명하고 구체적으로 공개하는 것은 KBS가 과거에는 적극적으로 수행하지 않았던 일들이다. 특히 KBS 자회사들을 포함하여 KBS가 수행하는 상업적 활동에 대한 계획과 성과 평가는 경영 평가에서도 찾아볼 수 없고, 재허가 심사에서도 논의되지 않는 사안이다.

이와 같은 설명 책임은 지금 당장 시작되어야 하는 일이지만 아래 절에서 소개하는 협약 제도의 도입과 함께 더욱 의미를 가질 수 있을 것이다.

어떻게 독립할 것인가

공영 방송의 리빌딩을 위해서는 공영 방송이 가장 많이 혁신
하고 변화해야 하지만, 공영 방송 재정립은 공영 방송사 혼자
할 수 있는 일이 아니다. 공영 방송의 근간이 되는 법 제도 개
선이 필수적이며, 법 제도 개선은 정치의 영역이기 때문이다.
법 제도 개선은 공영 방송 거버넌스 개선부터 공영 방송의 책
임과 의무를 부여하고 그 실행 정도를 평가하는 규제 체계의
변화, 규제 체계를 운영하는 내외부 규제 기구의 변화까지 전
방위에 걸쳐 있다.

거버넌스 개선

먼저 공영 방송 거버넌스 개선 문제다. 공영 방송에 제기되는
비판 중 하나가 보도의 공정성 문제다. KBS 뉴스를 매일 보지
않는 대다수의 국민들이 공영 방송 뉴스가 공정하지 못하다
는 뿌리 깊은 인식을 가지고 있는 것은 과거에 공영 방송이
보여준 기억 때문이기도 하고, 정치인들이 서로에게 유불리
를 따져 편파적이라고 공격하는 탓도 있다.

　　그러나 근본적인 문제는 앞서 1장에서 살펴본 바와 같
이 공영 방송의 거버넌스로부터 비롯된다. 대통령-정부·여

당-방송통신위원회-공영 방송 이사회-공영 방송 사장으로 이어지는 인적 연결 고리는 정권이 바뀔 때마다 사장 임명과 해임을 두고 정치적 공방으로 점철되었다. 정치권력에 독립적이어야 할 공영 방송의 수장이 정치권력에 의해 임명되고 해임되는 일이 반복되면 공영 방송의 정치적 독립성은 의심받을 수밖에 없다. 오랜 관행으로 굳어진 공영 방송과 정치권의 연결 고리를 끊어내는 법 제도 개선이 필요한 이유다.

여야가 추천하는 공영 방송 이사회 구성과 이사회가 선임하는 사장 임명 방식의 개선에 대한 논의는 끊임없이 이루어져 왔다. 여야가 비슷한 안을 바꿔 가며 발의할 만큼 구체적인 법 개정안도 적지 않게 발의되었다. 문제는 수렴 가능한 법 개정안을 두고도 여야가 자신의 정치적 이해관계에 따라 여당일 때와 야당일 때 입장을 바꾸며 현행 제도를 유지해 왔다는 점이다.

결국 이 문제는 국회가 법 개정을 통해 해결해야 하는 사안이라는 점에서 정당 차원의 결단이 필요하다. 그리고 이 결단을 이끌어 내는 것은 공영 방송의 노력과 함께 여론의 압박이다. 여야 정치권은 공영 방송에 대해 영향력을 행사할 수 있는 경로를 마다할 이유가 없다. 이 경로를 차단하기 위해서는 시민이 끊임없이 공영 방송의 정치적 독립성을 감시하고, 국회와 정치권이 인사를 통해 공영 방송에 개입하려는 시도를 비판하면서, 정치적으로 독립적인 공영 방송 거버넌스를 만들어 내도록 추동해 내야 한다.

이런 점에서 공영 방송은 시민과 함께 소통해야 한다. 시민이 거버넌스에 참여하는 통로를 확대하는 것은 의미 있는 작업이다. 지난 2018년 KBS는 150명의 시민 자문단을 모집해 KBS 사장 후보자를 평가하고 선출하는 정책 발표회를 열고 시민 자문단의 평가 결과를 사장 선출에 40퍼센트 반영했다. 2021년에도 KBS 사장 후보자가 시청자에게 경영 계획을 직접 설명하는 비전 발표회를 열고, 총 204명의 시민참여단 질의에 답변하는 시간을 가졌다. MBC 역시 2022년 156명의 시민평가단이 참여하여 사장 후보 정책 발표회를 열고 후보 3인에게 직접 질문을 던져 구체적인 공약과 이행 방안에 대한 질의응답을 마친 뒤 후보 2인을 투표하는 절차를 거쳤다.

이와 같은 시민 평가 방식은 법적으로 보장된 절차가 아니고, 당시 이사회의 결정에 따라 임의로 이루어진 것이었다. 공영 방송이 스스로 마련한 이와 같은 시민 참여 방식은 앞으로 더욱 확대하고, 나아가 법적 근거를 갖는 절차로 명시할 필요가 있다. 이로써 시민이 참여하는 공영 방송 거버넌스를 확립하는 것이다.

규제 체계 개편

두 번째로, 공영 방송 규제 체계의 전면적인 개편이 필요하다. 우리나라 공영 방송 제도 자체가 법적 기반이 취약하다는 점을 감안하면 법 개정은 필수적 과제다. 공영 방송이 추구해야 할 차별화된 공적 목적과 필수적으로 제공해야 할 역무, 이 역무를 수행할 공영 방송사를 법에 명시해야 한다.

법은 추상적일 수밖에 없으므로, 공영 방송은 법에 명시된 공적 목적을 실현하기 위해 구체적인 서비스와 기술 개발, 조직 혁신을 수행하는 자기 규율적 책임을 부여받게 된다. 공영 방송이 약속한 자기 규율적 책임이 지켜질 수 있도록 성과에 대해 내외부적인 평가·점검·환류 시스템을 마련하고 그 법적 근거를 마련해야 한다. 이와 관련해 최근 제기되고 있는 것이 공영 방송 협약 제도다.[55]

공영 방송 협약 제도는 문재인 정부 시기 방송통신위원회의 방송제도개선추진반이 공영 방송의 공적 책무 및 평가 방안으로 제시했던 안이다.[56] 2022년 윤석열 정부가 출범하면서 공영 방송 재허가 제도를 폐지하고, 대신 협약 제도를 도입하며 공영 방송 경영 평가 제도를 개선하겠다고 밝혔다. 그러나 현재까지 정부 차원에서 더 진척된 논의 내용은 없는 상태다.

협약 제도의 대표적인 사례는 영국 BBC다. BBC 칙허장과 협약 제도는 영국 특유의 고유한 정치 문화를 배경으로 성립한 역사적 산물이다. 칙허장은 왕실이 발행하지만 칙허장 갱신은 협약 주체인 BBC와 문화매체체육부뿐 아니라 의회(상·하원), 시민단체, 사업자 등을 포함한 다양한 이해관계자의 논쟁과 타협, 조정을 통해 이뤄진다. BBC와 정부 부처는 각각 별도의 의견 청취 절차와 입장을 담은 문서를 공개적으로 발표하며 논쟁을 주도한다. 합의된 협약은 의회의 승인이 필요하지 않지만, 통상적으로 하원과 상원의 별도 검토 보고를 통해 조정되는 과정을 거쳐 확정된다. 칙허장과 협약에 근거하여 설정되는 BBC의 운영 면허 규제 조건 역시 규제 당국과 BBC 간 상호 의견 교환과 합의를 통해 마련되고, 환경 변화 등을 반영하여 수정하거나 변경될 수 있다.

아무리 모범적인 사례라 해도 영국의 협약 제도를 한국에 그대로 이식할 수는 없다. 정부와 의회를 포함하여 정치 체제가 다르고, 사회·문화·역사적 배경도 상이하기 때문이다. 이런 점에서 우리 사회의 특성과 상황에 부합하는 한국식 협약 제도 설계가 필요하다.

한국식 협약 제도

협약 제도 도입의 출발점은 무엇보다 협약 제도의 이념적 근거로서 우리 사회 공영 방송이 추구해야 할 차별화된 공적 목적을 설정하는 것부터 시작되어야 한다. 사회적으로 도출된 공영 방송의 공적 목적에 근거하여 이를 구현하기 위한 공영 방송 사업자의 활동 범위를 정하고, 공영 방송 사업자가 준수해야 하는 의무와 책임의 내용을 구체화해야 한다. 의무와 책임, 평가 지표가 제시되면 투명한 평가 방식 및 환류 체계를 마련해야 한다.

공영 방송 협약 제도는 기존 방송 평가 및 재허가 제도를 단순 대체하는 것이 아니다. 공영 방송의 질서를 새로 세우는 것이다. 오랫동안 한국 방송법과 방송 정책에서 비어 있던 공영 방송의 차별성이 무엇인지를 성립하고, 공영 방송이 스스로 이행 가능한 목표를 수립하여 이행하도록 견인하는 것이다. 그로써 공영 방송은 자율성을 강화하고 존재의 정당성을 확보하여 구조적으로 변동할 수 있다.

또한 협약 제도는 공영 방송 스스로 존립의 정당성을 인정받을 수 있는 제도로 기능해야 한다. 공개적이고 합리적인 평가가 기반이 된다면 공영 방송은 이를 기반으로 자율적이고 창의적인 활동을 수행할 수 있다. 동시에 협약 제도는 전체 미디어 생태계에도 긍정적인 영향력을 발휘할 수 있도록 설계돼야 한다.

이때 공영 방송의 차별화된 의무는 법적 근거를 마련하여 반드시 수행해야 하는 최소한의 규제 근거를 설정하는 방식으로 제시되고, 자임한 책임은 공영 방송이 공적 목적을 달성하기 위해 스스로 설정하고 약속하는 구체적인 활동들로 구성된다.

　의무와 책임의 예를 들어보자. 공영 방송이 수행해야 하는 차별적인 역할 중 하나로 창의적인 콘텐츠와 서비스 개발을 들 수 있다. 이에 대해 법적으로 부여하는 최소한의 의무는 국내 제작 오리지널 콘텐츠 비율, 국내 제작 오리지널 콘텐츠 초방 비율, UHD 프로그램 편성 비율 같은 것이 될 수 있을 것이다. 이러한 규정이 법적 의무라면, 공영 방송은 스스로 창의적 콘텐츠 제공을 위해 다수의 자임한 책임을 설정할 수 있다. 예를 들어 일정 비율 이상의 계층별 도달률 및 시청률 목표, 세계적 수준의 고품격 다큐 제작, 정통 대하 역사 드라마 제작, 케이팝 공연 및 해외 송출, 자체 프로그램 질 평가 위원회 운영, 대국민 프로그램 만족도 조사와 같은 것들이 이에 해당할 것이다.

　의무와 책임에 대한 약속은 이행 여부로 평가받아야 한다. 평가는 경영진과 이사회의 책임뿐만 아니라 안정적인 재원 마련과도 반드시 연동되어야 한다. 애초 설정한 협약의 내용을 이행했다 하더라도 당연히 해야 할 것을 했으므로 정해진 재원의 보장 조건이 되지 못한다거나, 협약의 이행 결과에 따라 협약 기간 내에 수신료를 삭감하는 등 KBS의 공적 재원을 압박하는 식으로 협약 제도가 악용될 가능성을 차단해야 한다. 공영 방송 재원은 경영 성과에 대한 대가성 보상이 아니라 공영 방송 협약 기간 동안 공적 목적을 달성하기 위해서 수행해야 하는 모든 활동을 뒷받침하는 제도적 보장으로 기능해야 하기 때문이다.

협약 제도를 도입하는 과정에서 공영 방송사와 정부, 규제 기구, 경쟁 사업자, 전문가 집단, 시민 사회 등 다양한 이해관계자들의 상호 소통과 의견 교환은 필수적이다. 이러한 논의 과정 없이 형식적 차원의 협약 제도 도입에 그친다면 구체적인 협약의 내용과 그 이행 방식을 두고 또다시 정치적인 공방만을 반복할 공산이 크다. 자칫하면 협약 제도가 공영 방송의 독립성과 자율성을 행정부에 예속시키는 장치로 활용될 우려도 존재한다.

규제 기구 개선

이와 같은 공영 방송 규제 체계 전반의 재편을 위해서는 법적 토대 마련과 함께 공영 방송 이사회의 구성과 기능, 공영 방송 외부 규제 기구의 위상과 역할 등에도 과감한 변화와 개선이 필요하다.

무엇보다 규제 기구의 전문성과 독립성을 확보해야 한다. 공영 방송 규제 기구에는 공영 방송 제도 운영에 있어 고도의 전문적 역량이 필요하다. 시민, 내부 종사자, 외주 제작사, 경쟁 사업자, 정부 부처, 전문가 집단, 국회 등 다수 이해관계자의 의견을 수렴하고 이해 상충을 조정하며 공적 목적에 복무해야 하기 때문이다. 규제 기구는 단순히 의무를 준수했는지 여부를 중심으로 한 규제와 평가에 머무는 것이 아니다. 공영 방송이 공적 목적을 더 잘 수행할 수 있도록 정책을 마련하고 환경을 조성하는 생산적인 역할을 수행해야 한다. 정부와 정당, 국회 등 정치 세력뿐 아니라 사업자와 민간의 모든 이해집단으로부터 독립적이어야 함은 물론이다.

그러나 오랫동안 정파성 논란에서 자유롭지 못했던 미디어 규제 기구의 역사와 현행 방송통신위원회 구성 방식을 감안할 때, 칙허장을 기반으로 하는 영국의 문화매체체육부, 오프컴, BBC와 같은 관계 정립이 한국에서 가능한가에 대한 의문이 제기된다. 방송통신위원회 위원을 여야가 추천하여 대통령이 임명하는 현실에서 독립성을 보장받기 힘들고, 공영 방송 인사에 개입하거나 규제를 강화하는 등 행정적 영향력을 발휘할 가능성이 크기 때문이다. 따라서 공영 방송 제도는 미디어 규제 체계의 혁신과도 연결된다.

공영 방송의 역할을 제시하는 오프컴

영국 BBC에 대한 외부 관리 감독은 오프컴이 총괄하고 감사

는 감사원에 위탁하여 진행하는 간결한 규제 질서를 갖추고
있다. 반면 한국에서 공영 방송에 대한 외부 규제는 방송통신
위원회, 과학기술정보통신부, 문화체육관광부, 방송통신심의
위원회, 기획재정부, 감사원 등 다수의 정부 부처가 복잡하고
도 때로 중복된 형태로 관여한다. 공영 방송이 공표하고 공개,
제출하는 모든 계획과 이행 내역에 대한 결과 보고, 그에 대한
평가는 공영 방송을 관리·감독하는 규제 당국이 총괄하는 것
이 바람직하다. 공영 방송의 모든 서비스에 대해 공적 목적을
고려하여 일관된 원칙과 기준으로 규율해야 하기 때문이다.

　　이와 함께 강조되어야 하는 것은 규제 기구가 공영 방
송에 대한 평가와 규제 기능만 수행해서는 안 된다는 점이다.
영국 오프컴은 BBC에 대해 규제와 성과 평가를 수행하지만,
변화하는 미디어 환경에 부합하는 공영 방송의 역할을 선제
적으로 제안하기도 한다.

　　예를 들어 오프컴은 넷플릭스 등 글로벌 주문형 비디오
SVoD의 등장에 따른 영국 내 미디어 시장 재편과 소비자들의
이용 행태 변화에 직면하여 공영 매체의 미래에 대한 사회적
논의를 위해 2020년 초 '작은 스크린, 큰 논쟁Small Screen Big
Debate'이라는 제목의 웹사이트를 개설했다. 오프컴은 약 1년
5개월에 걸쳐 산업 및 학계 전문가, 100여 명의 이해관계자,
4000명 이상의 설문 응답자, 영국 17개 지역에서 이루어진

워크숍 결과와 해외 사례 분석 결과 등을 종합하여 '공영미디어의 미래에 대한 대정부 권고안recommendations to government on the future of public service media'을 정부에 제출했다. 이 보고서에서 오프컴은 영국 공영 방송public service broadcasting이 공영 미디어public service media로 변모할 수 있도록 영국 정부가 입법을 통해 개입해야 한다고 제안했다. 2003년 매체법에 규정된 공영 방송의 운영 목적에 '보편적 온라인 역무 제공'을 추가하여 공영 방송의 방송 프로그램 쿼터를 온라인 서비스까지 확대 적용하고 디지털 플랫폼에서 공영 방송이 제공하는 채널이 우선 노출되도록 해야 한다는 내용을 포함하고 있다.[57] 한국의 방송통신위원회가 이와 같이 공영 방송 제도 전반에 대한 사회적 논의를 주도적으로 수행하고 미래지향적 법 개정 방향을 제시할 수 있는 전문성을 확보하고 있는가 살펴볼 일이다.

경영 전략을 제시하는 영국 감사원

감사원의 역할도 변화해야 한다. BBC의 재정과 예산 집행은 영국 감사원이 감독한다. 감사원장은 BBC와 BBC의 유관 자회사가 자원을 얼마나 경제적, 효율적, 효과적으로 사용했는지에 대한 조사를 실시할 수 있다. 그러나 감사원이 BBC 또는 유관 자회사의 정책 목표에 문제를 제기할 수 있는 것은 아니며, BBC 또는 유관 자회사의 편집상 판단 또는 창작적 판단을 문제 삼을 수 있는 것도 아니다. 저널리즘적 판단과 편집상의 판단 또는 창작적 결정의 의미에 관해 문제가 제기되는 경우, 감사원장은 BBC 또는 유관 자회사와 협의해야 한다.

감사원은 BBC의 임금 체계에 대한 감사를 비롯하여 BBC의 재정 현황에 대한 심층 분석을 수행하고 향후 전망과 경영 전략의 방향성을 제시한다. 예를 들어 감사원은 BBC가 2017년에 발표한 5개년 비용 절감 계획에 대해 성과와 한계를 검토하여 2021년 12월 〈BBC 비용 절감 및 개혁BBC Savings and Reform〉 보고서를 발간했다. 감사원은 BBC가 그동안 생산성 향상, 내용물 및 역무의 축소, 편성 변화, 제3의 수익 창출 등 4가지 방식을 통해 비용 절감을 추진해 왔으며, 생산성 향상을 통한 비용 절감 방식에서 최근에는 내용물 및 역무를 축소하는 방식으로 비용 절감을 추진하고 있다고 밝혔다. 감사원은 이 같은 비용 절감 방식에 대해 시청자들의 시청권을 침해할 수 있다는 점, 단기적인 비용 절감 효과 대비 장기적인 지적 자산의 가치를 고려해야 한다는 점 등을 지적하고 있다.[58]

또한, 2021년 1월 발간한 보고서The BBC's strategic financial management에서는 수신료 수익에 의존하고 있는 BBC 재정 구조로 인해 수익의 불확실성이 확대되고 있다고 평가했다. 감사원은 BBC 이사회 이사들과 고위급 간부Senior Manager 인터뷰를 통해 BBC 재정 관리에 영향을 줄 수 있는 위협 요인과 핵심 이슈 12개를 제시했다. 스트리밍 및 SVoD 서비스와의 경쟁Streaming, SVoD Competition, 코로나19 발생, 예산 절감 및 관리 문제Savings, Managing finances, BBC의 재원 모형Funding models에 대한 부정적 여론, 규제Regulation 측면, 정부 선호 인사가 임명되는 BBC의 지배 구조Governance, 시청자 가치Audience value 관련 역할, 내외부 커뮤니케이션 문제, 전략의 중요성 등을 언급하며 BBC의 미래 전략 수립이 필요하다고 권고했다.[59]

영국 감사원의 보고서들은 감사원이 BBC를 비판하거나 징계를 주목적으로 하는 것이 아님을 보여 준다. 감사원은 BBC의 재정 현황에 대해 수익과 지출 내용을 분석하고 BBC를 둘러싼 내외부 환경을 고려하여 중장기 재무 전략을 권고하는 고도의 전문가적 판단을 제공한다. 재무제표상의 수치에 대한 '검사'를 수행하거나 불필요한 '감사'를 수행하는 데 주된 목적을 두고 있지 않은 것이다.

이러한 영국 감사원의 활동에 비하면 한국의 감사원 활동은 매우 정치적이고 정파적이다. 방송법 제59조에서 감사원은 KBS가 방송통신위원회에 제출한 결산서를 검사하고 그 결과를 방송통신위원회에 송부하도록 하고 있다. 이와 별도로 감사원은 KBS에 대한 정기 감사를 실시하여 그 결과를 발표해 왔다. 그 내용은 주로 직원의 외부 행사 참여 문제, 연차 수당 과다 지급, 자녀 학자금을 비롯한 직원 복리 후생 제도,

계약 대금 지연 지급과 같은 사항들이었다.

　　최근에도 감사원은 KBS 노동조합과 보수 성향 단체들의 국민 감사 청구에 대해 2022년 10월부터 세 차례 감사 기간을 연장해 감사를 진행하고 그 결과를 발표했다.[60] 감사원은 '한국방송공사KBS의 위법·부당 행위 관련' 감사 보고서에서 국민감사청구심사위원회가 의결한 다섯 개 감사 항목, 'KBS 이사회의 사장 후보자 검증 태만 의혹', '이사회가 KBS의 계열사인 몬스터유니온에 400억 원 증자를 의결한 것이 배임에 해당한다는 청구 항목', '방송용 사옥 신축계획 무단 중단 의혹', '직원의 해외여행 시 병가 처리 및 사후 조작 의혹', '제20대 대선 직후 증거인멸 목적의 문서 폐기 의혹'에 대해 모두 청구인이 주장하는 위법 사항이 없다고 밝혔다. 다만, 청구 항목과 관련한 업무를 점검하는 과정에서 일부 절차적 문제가 확인된바, KBS 이사장에게 정당 가입 여부 등 사장 후보자 결격 사유를 조회·확인하는 절차를 마련해 운영하는 방안을 마련하고, KBS 사장이 몬스터유니온을 적정하게 관리하는 방안을 마련하라는 등 2건의 통보 등을 결정했다.

　　지금까지 감사원의 감사 결과는 KBS 방만 경영 담론의 근거로 활용되고, KBS 이사회 및 경영진과 관련한 정치적 논쟁의 원인이 되면서 공영 방송을 압박하는 수단으로 활용되었다. 이러한 감사는 공영 방송이 그 역할을 수행하는 데 필요한 재원의 적정 규모와 수익 창출의 방식, 비용 절감의 방향성, 중장기적 경영 전략에 대한 가이드를 제시하는 것과는 거리가 멀다. 한국의 감사원이 영국의 감사원과 같은 기능을 수행할 수 있을지 의문이 제기되는 것이다. 이러한 점을 고려하면 매체 환경 변화를 고려하여 공영 방송 재정 현황을 전문적으로 분석하고 공적 목적 달성에 필요한 재원 규모를 산정하며 장단기 경영 전략을 권고할 수 있는 전문적인 외부 기관의 참여나 협업 방식을 검토할 수 있다.

이사회와 경영진의 위상 정립

외부 규제 기관의 변화와 함께 공영 방송의 설명 책임 주체인 내부 기관으로서 이사회와 경영진의 위상 정립도 필수적이다. 여야 추천으로 구성된 공영 방송 이사회가 공영 방송의 독립성을 보장하는 기구로서 역할을 충분히 담당하지 못한다는 오랜 난제는 차치하고라도 현행법상 이사회의 기능은 주로 자산과 관련된 경영 활동을 중심으로 열거되어 있다.[61]

이사회가 임명 제청하는 사장과 감사, 임명 동의를 하는 부사장은 KBS의 집행 기관이다. 방송법 제51조에서 사장은 공사를 대표하고, 공사의 업무를 총괄하며, 경영 성과에 대하여 책임진다고 명시하고 있다. 감사는 공사의 업무 및 회계에 관한 사항을 감사하며, 사장과 감사는 이사회에 출석하여 의견을 진술할 수 있다.

　그러나 사장이 경영 성과에 대해 어떻게 책임을 지는지는 명시되어 있지 않고, 사장과 감사가 이사회에 출석하여 의견을 진술하는 것이 어떤 의미인지도 명료하지 않다. 이사회는 KBS의 기본 운영 계획을 최종적으로 승인하며 그 결과에 대한 평가와 대외적 보고를 수행하는 설명 책임 주체로서 역할을 해야 하지만, 현실에서는 KBS 사장이 국회에 출석하고 방송통신위원회에 가서 설명한다.

　공영 방송 경영진은 매년 연차 계획서를 작성하고, 이사회는 그 계획서를 승인·의결하며 집행 과정을 관리·감독하는 주체로 정립되어야 한다. 계획을 이행하지 못한 경우 경영진은 그 이유를 이사진에 설명하고, 이사회는 그 적절성과 타당성을 검토하여 대외적으로 설명하는 주체가 됨으로써 공영 방송의 독립성과 공공성을 보장하는 역할을 수행해야 한다. 경영진은 이사회에게, 이사회는 방송통신위원회와 국회, 그리고 시민을 대상으로 책임 있게 보고하고 해명하는 설명 책임 수행의 절차를 명확히 하는 것이다.

　사회적 제도로서의 총체적인 공영 방송 거버넌스 개편, 법과 자율적 책임으로써 공영 방송의 차별적 역할을 구성하고 약속하며 평가받는 협약 제도를 도입하는 것은 공영 방송이 혼자서 할 수 있는 과제가 아니다. 입법자인 국회는 물론이고 우리 사회의 건강한 미디어 생태계를 형성하고 촉진시키는 정책 수립의 주체인 행정부, 공영 방송 재원의 담지자인 시민에 이르기까지 사회 구성원 모두가 의견을 수렴하고 협업해야 하는 공동의 과제인 것이다.

안정적인 재원 확보

공영 방송이 자신에게 주어진 공적 책임을 수행하는 데는 재원이 필요하다. 공영 방송 재원 규모는 공영 방송의 책임 범위에 따라 달라진다. 즉, 재원은 공적 책무의 범위와 유형을 규율하는 기준이다.[62] 이는 공영 방송의 공적 책무에 대한 사회적 합의가 선행되어야 한다는 것을 의미한다. 우리 사회가 필요로 하는 공영 방송의 책무를 설정하고 그에 필요한 재원을 추산하여, 어떻게 마련할 것인지 논의해야 하는 것이다. 재원 마련과 집행 이후에 그 재원이 효율적으로 집행되었는지 평가하고 환류하는 체계는 당연히 뒤따라야 한다.

우리 사회가 요구하는 공영 방송의 공적 책무를 구체화하고 재설정하는 작업 없이 미시적인 경영 수지 개선 작업에 초점이 맞춰진다면 공영 방송 경영과 관련해 결코 유효한 해결책을 마련할 수 없다. 이 글에서는 공영 방송의 공적 책무 재설정이 선행되어야 한다는 것을 전제로 그에 필요한 재원 마련 방안을 논의한다.

공영 방송은 공적 재원을 기반으로 한다. 광고와 같은 상업적 재원에 대한 의존도가 커질수록 공영 방송이 본연의 역할을 수행하는 데 어려움이 커지기 때문이다. 수신료는 오랫동안 공영 방송의 가장 대표적인 공적 재원으로서 기능해 왔다. 시민이 부담하는 수신료는 공영 방송의 독립성을 보장하고, 시장으로부터의 영향력을 축소하며, 공영 방송이 수신료를 지불하는 시민을 최우선으로 고려해야 하는 주요한 토대가 된다. 또한 수신료를 납부하는 시민에게도 주인 의식을 바탕으로 공영 방송의 역할과 운영에 관여할 수 있는 동기를 부여한다.

그러나 수신료 산정과 인상은 어느 나라나 쉽지 않은 과제다. 이로 인해 공영 방송 제도를 운영하는 국가마다 수신료 산정과 인상 방식이 상이하고, 수신료를 둘러싼 진통도 적지 않다.[63]

정부가 주도하는 영국

영국 BBC의 수신료 산정은 문화매체체육부가 주도하여 BBC와 협상을 통해 결정한다. 최대 5년 주기로 정기적 조정이 이루어지며, 물가 상승률과 연동하는 것을 원칙으로 하지만 산정 당시 경제적, 사회적, 문화적 상황이나 BBC에 대한 평가에 따라 다양한 요인들을 고려하여 최종 결정한다. 정부가 수신료 산정 과정에서 주도적인 역할을 하는 것이 영국의 특징이며, 의회는 형식적인 승인 역할만 수행할 뿐 직접적인 영향력은 없다.

앞서 살펴본 바와 같이 영국에서는 2019년 이후 수신료 모델에 대한 사회적 논란이 확대되고 있다. 2016년 BBC 칙허장에 근거하여 2027년까지 수신료 모델이 보장되어 있으나 2019년 취임한 보수당 보리스 존슨 총리가 BBC 수신료에 대한 부정적 입장을 지속적으로 표명한 것이다. 2022년 1월에는 영국 문화매체체육부 장관 나딘 도리스Nadine Dorries가 본인의 트위터 계정에 "이번 수신료 발표가 마지막이 될 것This licence fee announcement will be the last"이며 "이제 새로운 자금조달 방법에 대해 논의할 때가 되었다Time now to discuss and debate new ways of funding"고 언급하여 수신료 폐지 논란이 새롭게 점화되었다.

신규 칙허장은 2028년부터 적용된다. 수신료 폐지는 이때부터 가능하며 2024년 영국 총선에서 승리한 집권당과 BBC 간의 협상을 통해 결정될 전망이다. 영국 정부는 수년 전부터 수신료 모델에 대한 대안을 모색해 왔으나 적절한 대안을 제시하지 못하고 있어 향후 논의가 주목된다.

연방 국가의 원리를 적용한 독일

독일은 2013년부터 공영 방송 수신료를 가구 세에 해당하는 방송 분담금으로 개칭했다. 독일에서 수신료는 특별한 목적을 달성하기 위해 징수하는 준조세로 가구당 징수하며, 연방 16개 주가 설치한 방송 재원 수요 조정 결정 위원회KEF에서 공영 방송의 재정 수요를 조사, 산정한 뒤 인상·인하 금액을 결정하여 16개 주 주지사 회의에 통보하는 체계를 갖추고 있다. 조정 주기는 3년이다.

KEF는 공영 방송의 재정 상태와 수신료 책정을 위해 독일 16개 주 정부가 1975년에 설치한 독립 기관이다. KEF의 설립 목적은 수신료 산정에 있어 객관적인 기준 마련에 있다. 이를 위해 KEF는 공영 방송사들이 제출한 장기 재정 소요 계획안을 심의하고, 새로운 수신료 산정의 기준이 되는 보고서를 16개 주 정부에 제출한다.

KEF는 최소한 2년에 한 번씩 보고서를 제출하는데, 이 보고서에서 가장 중요하게 다루는 것은 수신료를 언제, 얼마 정도 책정을 해야 하는지에 대한 사항이다. 또한, 공영 방송사 간에 실시되는 재정 조정의 필요성과 가능성에 대해 밝히며, 독일 공영 방송사 ARD와 ZDF, DR 간의 수신료 분배에 관한 비율과 액수를 제안한다.

KEF 위원은 연방 16개 주에서 각각 한 명씩 추천하여 총 16명으로 구성한다. 유럽연합, 독일연방 및 16개 주 헌법 기관(입법부·행정부)의 의원이나 공무원, ARD 회원사와 ZDF,

DR, ARTE, 민영 방송의 이사 및 직원, 방송 관계 유관 기업 관계자는 위원으로 선출될 수 없고, KEF 업무를 수행하는 데 개인적인 이해관계가 연관된 사람은 위원이 될 자격이 없도록 규정하는 등 KEF의 독립성을 보장하고 있다.

수신료의 대안을 찾는 프랑스

프랑스 공영 방송 수신료(2009년 공영 방송 기여금Contribution à l'audiovisuel public으로 변경)는 2003년 개정된 국가재정법 제63조에 의해 국가 재정 수입의 한 항목으로서 정식 조세의 일종으로 명확히 규정되었다. 조세 성격의 수신료는 의회의 심의를 거쳐 정부가 결정하며, 매년 물가 인상률을 일괄적으로 적용한다.

앞 장에서 프랑스의 공영 방송 수신료 폐지 결정을 살펴보았다. 그 자세한 과정은 다음과 같다. 프랑스에서 공영 방송 제도 개편에 논의가 급물살을 탄 것은 2022년 대통령 선거 때였다. 여러 대통령 후보들이 공영 방송 수신료 폐지를 주장했고, 현직 대통령인 에마뉘엘 마크롱은 2022년 3월, 국가재정법 개혁을 공약하면서 특별히 공영 방송에 대한 수신료를 폐지하겠다는 공약을 발표했다.

마크롱이 당선된 후 2022년 7월, 방송 및 새로운 공영 텔레비전에 관한 법률안Projet de loi relatif à la communication audiovisuelle et au nouveau service public de la télévision이 제출되었고, 2022년 8월 프랑스 상원 표결로 법안이 통과되었다. 최종적으로 8월 4일 프랑스 헌법위원회로부터 합헌 판정을 받음으로써 수신료 제도는 도입 90년 만에 폐지되었다. 수신료가 폐지됨에 따라 공영 방송 재원은 임시적으로 부가 가치세 수입 중에서 수신료에 해당하는 금액을 전용하여 활용하게 된다. 구체적인 재원 구조 개편은 헌법위원회의 판결에 따라 오는 2025년 이전까지 확정되어야 한다.

재차 강조하는 것은, 프랑스의 수신료 폐지가 공영 방송의 독립성을 압박하는 수단으로 오해되어서는 안 된다는 점이다. 재원 문제를 포함한 공영 방송의 독립성 보장은 유럽연합 및 유럽평의회 차원에서 보장되는 사안이다. 프랑스 정부 역시 공영 방송 자금 조달 개혁의 원칙으로 '공영 방송 임무 수행에 적절한 재원 규모'와 '재원의 예측 가능성' 등을 고려하겠다고 발표한 바 있다.[64] 이처럼 프랑스 정부의 수신료 폐지 결정은 공영 방송을 약화하려는 의도와는 상관없다. 오히려 공영 방송을 정치적 수신료 논란에서 벗어나게 하고 안정적인 다른 재원 모델로 공영 방송 제도를 유지하고자 하는 기조에서 시행된 것이다.

인상할 수도, 인하할 수도 있는 일본

일본 NHK의 수신료는 세금이나 시청의 대가가 아니다. 공영 방송 NHK가 사회적 사명을 이행하기 위해 필요한 재원을 국민 시청자 전체에 공평하게 부담하도록 하는 특수한 부담금의 성격을 지닌다. 수신료 산정 주체는 NHK이며, 수신료 조정 주기는 일정하지 않다.

역시 앞서 살펴본 바와 같이, NHK는 '총괄 원가 방식'으로 수신료를 산정한다. 총괄 원가 방식은 총수입을 사업 운영에 필요한 총경비에 맞도록 설계한다는 것이다. 주로 전기나 가스 등 공공요금을 결정할 때 이용되는 방식이다.

3년이나 5년간 필요한 자본 지출을 포함한 총지출이 이월금을 포함한 총수입과 일치하도록 설정한 뒤, 개별 부담자의 납부액을 산출한다. 총괄 원가 방식으로 결정된 수신료 액수는 국회의 승인 과정을 거쳐 확정된다. 이러한 수신료 결정 과정에서 총무성과 국회의 영향력은 절대적이다. 이로 인해 NHK 회장 자문 기관인 수신료 전문 조사회는 수신료 산정이 정치적 영향을 받지 않고 일정한 절차를 확보하여 결정 당사자로부터 독립된 기관의 심의를 거쳐 결정되는 수신료 산정위원회의 필요성을 제기한 바 있다. 일본은 최근 온라인 동시 전송도 수신료를 징수하는 온라인 수신료 도입을 검토하고 있으며, 이월 잉여금이 늘어나자 그 일부를 수신료 인하 재원으로 활용하도록 방송법을 개정했다.

우리나라의 수신료, 어떻게 정할까

주지하다시피, 우리나라의 수신료는 KBS 이사회가 수신료 액수를 산정하여 방송통신위원회의 검토를 거쳐 국회가 승인 하는 절차를 밟는다. 공영 방송의 수신료는 국회 승인 과정에 서 공영 방송을 둘러싼 여야 정당 간 정쟁의 대상이 되었을 뿐, 우리 사회 공영 방송의 공적 책임을 이행하는 데 적합한 금액인지, 나아가 공영 방송 제도의 재원 구조는 어떠해야 하 는지에 대한 근본적 논의는 제대로 이루어진 적이 없다.

제도 개선 방안의 하나로 수신료 산정 위원회의 필요성 에 대한 논의가 있었다. 수신료 산정 위원회는 공영 방송이 필 요한 재원 수요를 신청하면 이러한 재원 규모가 적정한지 판 단하여 인상이나 동결을 결정하고 공영 방송별로 적정 수신 료를 배분하며 수신료가 목적에 맞게 집행되었는지 검수하고 차기 수신료 산정에 반영하는 역할을 담당한다. KBS 이사회 가 수신료를 산정하고 집행하는 것보다 객관적이고 전문적인 수신료 산정과 배분, 집행에 대한 검수가 가능할 것이라 보는 것이다. 한편으로는, 수신료 산정 위원회가 독일의 KEF처럼 독립성과 전문성을 보장받기 어렵고 공영 방송을 통제하는 또 다른 수단으로 작용할 것이라는 우려도 제기된다.

현행 공영 방송 수신료 제도는 금액, 결정 절차, 배분 및 징수 방식 등 다양한 측면에서 문제가 제기되고 있다.[65] 그 해결 방안으로는 수신료 위원회 설치, 물가 연동제 도입, 배분 시스템 개선, 시민 참여 확대 등이 제시된다.[66]

시민 참여 확대는 공영 방송 제도 재정립에 있어 모든 사안을 관통한다. 2021년 KBS는 수신료 공론화 위원회를 통해 209명의 국민참여단을 대상으로 공영 방송의 공적 책무별 필요성과 수신료 인상 필요성 등에 대한 공론 조사를 실시한 바 있다. 숙의를 통한 공론 조사 결과 월 2500원의 수신료 인상에 찬성한다는 의견이 79.9퍼센트인 것으로 나타났다. 인상에 찬성하는 이유로는 공정한 뉴스 제작과 독립적인 운영을 위해서라는 응답이 28.1퍼센트로 가장 높았다. 인상에 찬성한 응답자들은 적정한 인상 금액으로 평균 3830원을 제시했다. 숙의 토론이 공영 방송의 역할과 수신료 문제에 대해 인식 변화를 가져온다는 것을 확인하는 기회였다.[67]

공론 조사 결과는 공영 방송이 수신료 문제에 있어서도 시민과 직접 소통해야 할 필요성을 다시 한번 확인해 준 것으로서, 일회성 이벤트로 끝날 것이 아니라 공영 방송이 시민과 소통하고 시민의 참여를 확대하는 정례화된 제도로 마련해야 한다는 것을 보여 준다.

나아가, 공영 방송의 재원 구조에 대한 보다 확대된 논의가 필요하다. 주지하다시피 2023년 7월 방송법 시행령 개정으로 수신료 징수 방식이 변경되었다. 분리 징수 조치에 따라 공영 방송의 수신료 규모는 축소될 전망이다. 실제로 2023년 8월 KBS의 수신료 수입은 22억 원 가까이 감소했다.[68] 수신료 분리 징수는 단순한 징수 방식의 변경 차원이 아니라 우리 사회 공영 방송 제도 전반에 대한 논의를 촉발하는 계기가 되고 있다. 급변하는 미디어 환경에서 우리 사회에 여전히 공영 방송이 필요한지, 공영 방송이 필요하다면 어떤 공적 책임을 수행해야 하는지, 이러한 역할을 수행하는 데 소요되는 재원 규모는 어느 정도이며 이를 어떻게 조달할 것인지 등 공영 방송에 대한 본원적 질문을 제기하며, 이에 대한 사회적 논의를 필요로 하고 있는 것이다.

특히 재원 마련 방안과 관련하여, 지금까지와는 전혀 다른 접근도 검토해야 한다. 공영 방송이 수행해야 하는 공적 책임의 범위를 고려하여 필요한 재원 규모가 산출되면 이에 대해 지금과 같이 수신료와 광고를 포함한 상업적 활동을 통해 조달할 것인지, 수신료를 인상할 것인지, 혹은 또 다른 공적 재원으로 세금을 지원할 것인지 등과 같은 논의가 필요한 것이다. 이 경우 수신료와 세금, 광고와 같은 상업적 재원을 어느 정도 규모로 가져갈 것인지, 재원 전체에서 수신료와 세금, 광고의 구성 비율을 어떻게 할 것인지에 대한 논의도 해야 한다. 정부의 영향력으로부터 자유롭지 못한 세금 지원의 문제, 광고와 같은 상업적 재원이 갖는 문제 등에 대해서도 심층적으로 논의해야 할 것이다. 그리고 이 모든 과정에서 시민의 의견은 필수적이다.

그동안 공영 방송 경영 문제는 방만 경영이라는 프레임 속에서 마치 공영 방송사 스스로가 바로 잡으면 저절로 해소되는 문제처럼 여겨져 왔다. 우리 사회가 필요로 하는 공영 방송의 역할을 정의하고, 그에 필요한 업무를 구체적으로 설정하며, 업무 이행에 적절한 재원 규모 및 조달 방식을 결정하고, 성과 평가 방식을 마련하며, 이 과정을 총괄하는 거버넌스 및 법제 개편 등 근본적이고 사회적인 문제 해결 과정 없이 KBS에게만 재원 조달 방안을 마련하라고 하거나 경영 효율성 달성을 요구하는 것은 사실상 답이 없는 문제를 풀라는 요구와 마찬가지이다. 논의의 출발점을 재정립할 필요가 있다. 우리 사회에서 KBS의 재정적 위기는 KBS의 자구적인 노력만으로 결코 해결할 수 없다는 것을 인정해야 한다. 공영 방송의 재원 문제는 국회로 대표되는 정치 세력 간 합의의 문제이자, 미디어 시장 내 참여자, 이익 집단, 시민들 간의 합의가 요구되는 문제이기 때문이다.

공영 방송이란 무엇인가

이제, 다시 처음 질문으로 돌아가자. 공영 방송이란 무엇인가. 기존의 논의에서 공통으로 제시되는 공영 방송의 요인들은 공적 소유, 공적 재원, 공적 서비스 등이다.[69]

공적 소유란 무엇인가? 국가의 것도 아니고 민간 사기업의 것도 아니라는 것이다. 국가가 소유하는 방송, 즉 국영방송은 국가 정책을 널리 알리는 데는 효율적일 수 있지만, 정부와 정책을 비판하기는 어렵다. 대표적으로, 중국의 CCTV가 중국 정부의 정책을 비판하거나 시진핑 주석을 비판하는 보도를 할 것이라고는 기대하진 않는다. 민간 사기업의 방송이라면, 그 소유주가 누구든 소유주에게 부정적인 보도를 하기는 쉽지 않을 것이다.

공적 재원이란 무엇인가? 방송을 만들고 내보내는 데들어가는 큰 비용을 시민에게서 충당하는 것이다. 방송사가수입을 얻는 가장 대표적인 방법이 광고다. 광고주가 광고를 하고 싶은 방송은 시청률이 잘 나오는 방송이고, 광고를 많이 판매하기 위해서는 시청률이 잘 나오는 프로그램을 만들어야한다. 시청률이 잘 나오지 않을 프로그램은 만들기 어렵다.

그런데 시청률이 낮아도 사회적으로 필요한 프로그램들이 있다. 지금 우리 사회에서 같이 고민해야 하는 문제들, 예를 들어 세대·지역·젠더 간 갈등처럼 의견이 나뉘는 문제에 대한 토론 프로그램은 누구도 선뜻 만들려고 나서지 않는다. 어느 쪽에서도 박수받기 힘들기 때문이다. 음악 프로그램을 예를 들어 보자. 케이팝 외에도 수많은 인디 뮤지션들이 만들어 내는 다양한 음악, 인류의 뛰어난 문화적 성취물인 클래식 음악, 우리 고유의 국악을 소개하는 프로그램은 시청률이 잘 나올 것이라고 기대하긴 어렵다. 광고 없이 이런 프로그램을 만들 수 있으려면 광고가 아닌 다른 재원을 찾아야 한다. 드라마 장르를 떠올려 보자. 〈오징어 게임〉 같은 블록버스터급 K-드라마도 필요하지만, K-드라마의 토대로서 신진 작가, 연출자, 배우들이 자신의 이야기를 펼칠 수 있는 장도 필요하다. 그런데 검증되지 않은 이야기는 시청률을 보장할 수 없다. 광고주들이 눈독을 들일 이유도 없을 것이고, 그러다 보니 광고가 아닌 다른 재원을 찾아야 한다. 그러한 공적 재원의 대표적 방식이 시민이 직접 납부하는 수신료다.

마지막으로 공적 서비스란 무엇인가? 앞서 제시한, 시청률이 나오지 않아도 우리 사회에 필요한 프로그램이 대표적인 공적 서비스에 해당한다. 공적 서비스에 해당하는 영역은 매우 다양하다. 영유아와 어린이를 위한 콘텐츠 제작부터, 재난·재해 관련 정보를 신속하고 정확하게 전달하는 것, 장애인이 보다 편리하게 방송 콘텐츠를 볼 수 있도록 수어와 자막, 화면 해설 방송을 지원하는 것, 지역이 소외되지 않도록 하는 것, 해외에 우리 문화와 콘텐츠를 알리는 것, 혁신적인 방송 기술을 개발하고 전파하는 것, 한국의 영상 콘텐츠를 주도할 창의적 인력을 육성하는 것, 국가가 하지 못하고, 민간 기업도 할 수 없는, 혹은 할 생각이 없는 서비스들이지만 우리 사회의 영상 콘텐츠 문화 수준을 제고하는 데 필요한 일들이라면 모두 공적 서비스에 해당할 수 있다.

이러한 논의를 종합해 보면 공영 방송이란 공적인 소유, 공적인 재원, 공적인 서비스를 토대로 삼는데, 이 세 가지 차원이 어떻게 마주하느냐에 따라 공영 방송의 모습은 달라진다. 공적 소유, 공적 재원, 공적 서비스의 양태가 정해져 있지도 않다. 공적 소유는 공사의 형태일 수 있고, 공익 법인이 소유한 주식회사 형태일 수도 있다. 공적 재원은 세금일 수도 있고 수신료와 같이 국민이 내는 부담금일 수도 있다. 100퍼센트 공적 재원으로만 운영할 수도 있고, 공적 재원과 함께 광고 재원을 활용할 수도 있다. 공적 재원과 광고 재원의 비중이 어느 정도여야 하는지에 대한 기준이 있는 것도 아니다. 공적 서비스의 내용도 마찬가지다. 어떤 사회에서는 뉴스 보도만 공적 서비스에 해당한다고 볼 수 있고, 어떤 사회에서는 각 지역 내 방송만 공적 서비스에 해당한다고 볼 수도 있다.

공영 방송이 어떠한 모습으로 구체화하는가 하는 것은 결국 공영 방송이 속한 그 사회의 합의에 기반한다. 태생적으로 사회적 기구인 공영 방송은 해당 사회가 수용 가능한 공적 소유의 형태, 공적 재원의 조달 방식, 공적 서비스의 범위로 구체화된다. 중요한 것은 '소유 구조는 이러해야 하고 재원은 저러해야 하며, 어떤 공적 서비스를 제공하는 것이 공영 방송이다'라는 개념적 정의를 완성하는 것이 아니다. 우리 사회에서 공영 방송은 왜 필요하고, 어떤 역할을 해야 하며, 그 역할을 해야 할 방송사는 누구로 할 것인지, 공영 방송을 운영하는데 재원은 얼마나 필요하며 어떻게 조달할 것인지를 논의하는 것이다.

이 모든 논의는 우리 사회의 정치·사회·문화·역사적 특수성을 배경으로 할 수밖에 없다. 보편적인 공영 방송의 모습은 개념적으로만 정의할 수 있을 뿐이며, 현실의 공영 방송은 그 제도를 택한 나라의 수만큼이나 다양한 형태로 등장한다.[70] 영국, 독일, 프랑스, 일본과 우리나라의 공영 방송은 각기 다른 형태, 재원, 서비스 내용으로 구현되는 것이 당연하다. 무정형의 공영 방송은 그 사회의 합의를 기반으로 해당 사회에 부합하는 양태를 지니게 되며, 법 제도적 근거를 갖춤으로써 사회적 지원과 사회적 책무 부여의 정당성을 확보하게 되는 것이다.

그런데 우리 사회는 한 번도 이런 논의를 해본 적이 없다. TV에서 볼 수 있는 채널이 KBS, MBC, SBS, EBS 4개 채널

뿐이었을 때는 이러한 논의가 필요하지 않았을 수 있다. 1995
년 케이블TV가 등장하고 채널 수가 많아지기 시작했지만, 프
로그램 수준이 지상파 방송사들과 현격한 차이가 났던 시기
에도 이러한 논의가 필요하지 않았을 수 있다.

　　지금은 다르다. 시청자들은 지상파 방송 외에도 TV조
선, JTBC, 채널A, MBN을 통해 뉴스를 볼 수 있고, tvN과 다수
의 채널을 통해 지상파 방송보다 재미있는 예능과 드라마를
본다. TV뿐 아니라 핸드폰을 통해 수만, 수십만 편의 콘텐츠
를 넷플릭스와 유튜브로 본다. 이런 미디어 환경에서도 공영
방송은 필요한가? 왜 필요한가? 무슨 역할을 해야 하는가? 그
역할을 하려면 얼마나 재원이 필요한가? 그 재원은 어떻게 마
련해야 하는가? 이러한 문제에 대한 논의는 제대로 하지 않은
채, 우리 사회에서 공영 방송은 막연히 KBS로 인식되어 왔다.
그리고 KBS에 대해 다분히 정치적인 비판과 문제가 제기되
어 왔고, 이 비판은 당대의 집권자와 집권 세력의 주관적 인식
을 반영하곤 했다. 그러다 보니 공영 방송에 대한 논의는 변화
된 미디어 환경이라든지, 수신료를 납부하는 시청자의 목소
리라든지, 그런 차원이 아니라 집권 세력과의 관계 속에서만
앞날을 예비하는 불안정한 나날의 연속이었다.

새로운 가치를 찾아서

이 불안한 공영 방송의 미래 가치는 무엇이 되어야 할까? 앞서, KBS의 리빌딩을 위한 과제로 공영 방송 스스로의 혁신과 거버넌스를 포함한 법 제도 개선, 공영 방송 규제 체계의 전면적인 개편, 내외부 규제 기구의 변화, 재원 안정성 확보를 위한 논의 등이 필요하다는 것을 제시했다. 이를 보다 구체적인 실천의 영역에서 풀어 보자.

KBS의 존재 이유

가장 먼저 확인해야 할 것은 지금과 같은 미디어 환경에서도 공영 방송이 필요한지, 필요하다면 무슨 역할을 해야 하는지에 대한 것이다. 이에 대한 답은 정치권력이나 집권층이 하는 것이 아니고, 시장에서 확인할 수 있는 것도 아니다. 공영 방송의 필요성과 역할에 대한 답은 공영 방송의 일차적 이해 당사자인 시민에게 물어야 한다. 즉, 공영 방송의 새로운 가치 정립은 우리 사회에서 KBS의 존재 이유가 무엇인지 찾는 것부터 시작해야 한다. 그것이 공적 목적이다. 공영 방송만의 차별화된 공적 목적은 공영 방송의 필요성과 정당성을 확보할 수 있는 출발점이다.

BBC의 2016년 칙허장은 검토 과정에서 19만 2564개의 의견이 공개적으로 수집되고 4000여 명의 영국 국민이 직접 설문에 참여했으며 300명 이상의 자문 위원과 단체가 참여한 대대적인 사회적 합의 과정을 거친 결과물이었다.[71] 이러한 논의를 거쳐 2016년 칙허장에 명시된 BBC의 공적 목적은 ① 편파적이지 않은 뉴스와 정보의 제공, ② 아동과 청소년을 포함한 모든 연령의 학습 지원support learning, ③ 창의적이며 고품질의 차별적인 내용물과 서비스 제공, ④ 다양한 공동체의 반영reflect/represent, ⑤ 영국의 문화와 가치를 세계에 알리는 것이다.[72]

우리 사회의 공적 목적을 찾기 위해서는 이러한 사회적 논의 과정이 필요하다. 여기서 가장 우선적으로 고려되어야 하는 것은 시민의 관점이다. 시민은 공영 방송 재원의 일차적 담지자이며, 공영 방송 역무가 제공하는 내용과 편성 면에서도 최대 이해관계자이기 때문이다.[73] 시민의 관점에서 우선적으로 해야 할 일은 '공영 방송이 무엇을 위해 존재하는가', 즉 공영 방송의 공적 목적에 대한 공개적이고 기탄없는 논의다.

공영 방송 제도 자체가 그 사회의 정치·경제·사회·문화·역사적 배경에서 자유롭지 못한 것이고, 따라서 각 사회가 요구하는 공영 방송의 공적 목적도 상이할 수밖에 없다. 예를 들어 BBC의 경우 아동과 청소년을 포함한 모든 연령의 학습 지원을 공적 목적 중 하나로 제시하고 있지만, 우리 사회에서 EBS의 존재를 생각하면 아동과 청소년의 학습 지원이

KBS의 공적 목적으로 포함되어야 하는지에 대해 이견이 있을 수 있다. 공영 방송의 새로운 가치로서 우리 사회 공영 방송의 공적 목적을 도출하기 위해, KBS는 독자적으로 그리고 필요하다면 규제 당국과 함께 공영 방송의 공적 목적에 대한 사회적 합의 도출을 해야 한다. 대규모 국민 인식 조사부터 공론화위원회와 같은 심층적 논의, 시장 내 사업자들과 전문가, 학계 및 연구기관이 참여하는 포럼 등 다양한 방식으로 진행되는 것이 바람직하다.

KBS의 활동 범위

공영 방송의 공적 목적이 정해지면, 그것을 구현하기 위해 공영 방송 사업자가 수행하는 활동의 범위를 설정해야 한다. 아래 표는 현재 KBS가 수행하고 있는 서비스 내용들이다.

공영 방송이 이와 같은 다양한 사업을 하고 있는지도 잘 알려지지 않았다. KBS는 이러한 사업 내역을 공적 목적에 비추어 재검토하고, 향후 확대해야 할 서비스와 축소해야 할 서비스에 대해 시민의 의견을 들어 조정해야 한다. 각 사업의 운영에 필요한 재원 규모도 산출해야 한다.

사업의 목적과 재원 규모를 산정한 후에는 그 재원을 어떻게 마련할 것인지 논의해야 한다. 물론 현재의 재원 상황을 고려하지 않을 수 없다. 문제는 앞서 살펴본 바와 같이 현

KBS의 사업 내역

구분		채널
방송	TV 방송	KBS 1TV, KBS 2TV , UHD 다채널, KBS World, KBS Korea
	라디오	KBS 1Radio, KBS 2 Radio, KBS 3 Radio, KBS 1FM, KBS 2FM, KBS 한민족방송, KBS World Radio
	DMB (U KBS)	U KBS 스타, U KBS 하트, U KBS 뮤직, U KBS 클로버
디지털 플랫폼	자체 플랫폼	KBS 홈페이지, KBS +, KONG, KBS 재난포털, KBS 바다, 웨이브(Wavve)
	외부 플랫폼	유튜브 (유튜브 쇼츠 포함), SNS 플랫폼, 포털
연구 개발		공영미디어연구소, 미디어기술연구소
문화 사업		KBS 교향악단, KBS 국악관현악단, 유료방송채널 , 스튜디오
상업적 활동		

재의 재원 상황이 매우 열악하고 수신료 분리 징수로 인해 더욱 불확실해졌다는 점이다. 이러한 상황에서 현재의 재원 규모에 맞춰 공적 책무를 재설정하게 되면, 공적 책무의 양과 질은 급격히 축소될 수밖에 없다. 그리고 이는 공영 방송의 미래 전망에 결코 긍정적이지 않다.

현실적으로 현재의 재원 상황을 고려해 공적 책무의 범위를 재설정하는 작업과 우리 사회가 요구하는 공영 방송의 공적 책무에 필요한 재원을 산출하는 작업이 동시에 이루어져야 하는 이유다. 즉, 사회적 논의를 통해 공적 목적을 도출하고 이를 위한 사업 영역과 필요한 재원 규모를 산출하는 동시에 현재의 재원 규모를 고려하여 공적 책무의 범위를 조정해야 하는 것이다.

재원 마련 과정에서는 수신료, 세금, 상업적 수익 등 다양한 방법을 모두 고려하면서 각 재원 간의 비중과 재원 확보 방안에 대해 구체적으로 살펴야 할 것이다. 앞서도 강조했지만, 이 논의 과정에서 시민의 의견은 필수적이며 최우선이다.

KBS의 의무와 책임

공영 방송의 공적 목적과 사업 영역을 정하고 나면, 공적 목적을 달성하기 위해 준수해야 하는 의무와 책임의 내용을 구체화해야 한다. 의무와 책임을 다했는지 평가를 수행하고 평가의 결과를 환류하는 절차도 필수적이다.

평가는 법적 의무 사항을 중심으로 한 자체 평가와 이에 대한 외부 규제 기구의 검토 및 평가, 자율적 책임하에 실시되는 설명 책임 노력을 포괄한다. 궁극적으로 공영 방송의 성과를 제고하기 위한 방식으로 설계되어야 한다. 이때 법적 의무는 규제 기관과 KBS의 상호 의견 교환을 통해 설정된다. 규제 기관은 공영 방송사가 공적 목적을 실현하는 데 필요하다고 판단되는 사항을 중심으로 공영 방송사의 법적 의무를 제시할 수 있다. 그러나 그런 의무의 설정이 공영 방송의 자유와 독립을 침해해서는 안 되고, 공영 방송의 경영 자율성을 저해해서도 안 된다.

공영 방송 쪽에서는 규제 조건에 대한 의견과 더불어 공적 목적 달성을 위해 스스로 수행할 책임 사항을 제시해야 할 것이다. 공영 방송이 자임하는 책임의 내용은 시민과의 지속적인 의사소통을 통해 마련되어야 하고, 그 과정과 성과를 통해 공영 방송의 설치와 재원 보장의 정당성을 인정받을 수 있다.

공영 방송의 새로운 가치 정립에서 가장 역점을 두어야 할 부분은 결국 누가, 어떻게, 그리고 얼마나 설명 책임을 이행할 것인지에 대한 것이다. 매년 연차 계획서와 연차 보고서, 회계 보고서를 제출하며 규제 기관의 검토를 받는 것은 최소한의 설명 책임 의무에 해당한다. 이외에도 공영 방송은 자임한 책임을 이행하기 위한 계획과 활동 내역을 시민과 모든 이해관계자에게 비정기적·비정형적 형태로 공표하고 평가받아야 한다. 이러한 설명 책임의 주체는 이사회가 된다. 경영 전반에 대한 계획과 성과뿐 아니라 공영 방송에 제기되는 다양한 이슈에 대해서도 마찬가지다.

예를 들어 보도의 공정성 문제나 콘텐츠의 내용에 대해 논란이 제기되면, 제작진은 경영진에게, 경영진은 이사회에 설명하고 이사회가 그 설명의 내용을 검토한 후 외부 규제 기구와 국회, 전문가, 시민들에게 공개적으로 답변하는 주체가 되는 것이다. 공영 방송 이사회는 공영 방송 내부의 일차적 감독 기관이자 최고 의결 기관으로서 공영 방송을 대표하고 책임지는 역할을 수행해야 할 것이다.

KBS를 다시 시민의 품으로

시민과의 직접적인 소통과 지속적인 의견 수렴은 공영 방송 리빌딩에 있어 핵심 사안이다. 공영 방송이 시민과 직접 소통하지 않으면 국회, 정치인, 규제 기구, 언론이 자신의 틀로 해석하고 비판한 공영 방송의 모습으로 왜곡될 가능성이 높다. 공영 방송의 편에서 공영 방송의 방패가 되어 줄 수 있는 것은 시민의 지지뿐이다.

시민이 공영 방송의 필요성을 인정하고 존재 가치를 긍정해야 공영 방송은 집권 세력을 포함한 정치권과 기업과 같은 자본의 영향력, 다수의 이해 세력으로부터 독립적일 수 있다. 집권 여당이 공영 방송의 편을 들거나 혹은 억압하려 할 때, 특정 세력이 공영 방송을 옹호하거나 기업이 공영 방송의 돈줄이 될 때, 공영 방송은 존재 이유를 상실한다.

지금 KBS에 가장 아픈 부분도 바로 이 부분이다. 정치권이 자신의 뜻에 맞는 이사회를 구성하기 위해 무리수를 두고 임기가 남은 사장을 해임해도, 충분한 논의 없이 시행령 개정으로 수신료를 분리 징수한다고 해도 시민들의 관심을 받지 못하는 것. 공영 방송은 지금까지 시청자를 대상으로 방송 프로그램을 만들어 왔다고 생각할지 모르지만, 공영 방송의 실태와 운영과 비판에 대한 답변은 거버넌스에 영향을 미치는 정치권과 국회, 규제 기구만을 대상으로 해왔다고 해도 과언이 아니다. 다른 누구도 아닌 오직 시민에게 복무하는 공영 방송으로 지향점을 분명히 할 때 공영 방송은 다시 설 수 있다. 그렇지 않은 공영 방송은 정치권력의 향배에 따라 흔들리고 다수의 이익 집단 사이에서 갈피를 잡지 못하며 누구의 지지도 받지 못하면서 늘 모든 이로부터 존재 이유를 의심받을 수밖에 없다.

공영 방송을 위해 촛불을 들 수 있는 시민은 공영 방송이 만들어 가야 할 미래다. 정치적 양극화와 빈부 격차가 심화하고 성별, 연령별, 지역별 갈등이 격화되고 있는 우리 사회에서 이것이 가능할까? 정치적 견해가 달라도 신뢰할 수 있는 보도, 취향이 달라도 품질에 대해서는 인정할 수밖에 없는 콘텐츠, 나는 이용하지 않지만 누군가에겐 필요한 서비스, 그래서 이런 방송이 하나쯤은 있어야 한다고 할 때 가장 먼저 KBS가 언급될 수 있도록 하는 것. 그것이 공영 방송의 오래된 미래, 낡았지만 새로운 가치일 것이다.

에필로그   좋은 방송을 위한 새로운 좌표

영화 〈노팅힐〉로 유명한 로저 미첼 감독의 유작 〈웰링턴 공작의 초상(2021년)〉은 1961년 영국에서 일어난 실화에 바탕을 둔다. 승객에게 너무 많은 말을 건넨다는 이유로 해고를 당한 전직 택시 운전사이자, 언젠가 당선되리라는 믿음으로 오늘도 희곡을 써 내려가는 희곡 작가인 60대 켐프턴 번턴. 그는 자신의 집을 급습해 수신료 납부를 독촉하는 단속반원들에게 'No BBC, No license'를 외치고, TV가 유일한 삶의 즐거움인 저소득층 노인들에게까지 수신료를 징수하는 게 얼마나 부당한지를 세상에 알리며 살아간다. 그러던 어느 날 영국 정부가 웰링턴 공작의 초상화를 한 미국 수집가로부터 14만 파운드에 사들여 내셔널 갤러리에 전시할 거라는 뉴스를 접하게 된다. 예술품에는 큰돈을 쓰면서 저소득층 노인 복지에는 무관심한 정부에 화가 난 번턴은 내셔널 갤러리로 몰래 들어가 초상화를 훔쳐 낸다.

> "정부가 이 그림에 큰돈을 지불한다기에 제가 계산해 봤죠. 그 돈을 10퍼센트 이자를 받는 은행 계좌에 넣으면 1년에 3500가구의 TV 수신료를 지불할 수 있고, 그 모든 사람을 다시 연결할 수 있어요."

번턴은 법정에서 평소 벌였던 수신료 거부 운동의 일환

으로 초상화를 잠시 빌렸고, 목표한 시간이 되어 제자리에 다시 가져다 놓았다고 변론을 한다. 평생 희곡을 쓰며 꿈과 유머를 잃지 않고, 세상과 돈키호테처럼 부딪치며 정의로운 삶을 놓치지 않았던 번턴의 이야기에 매료된 배심원단은 초상화를 훔친 죄목에 대해 무죄 판결을 내린다. 그리고 'No BBC, No license'를 외치던 시골 마을의 번턴 할아버지는 본의 아니게 전국구 스타가 된다.

이와 비슷한 일이 1980년대 대한민국에서도 있었다.

"KBS를 시청하지 않으니 시청료도 내지 않겠다. TV 시청료는 민정당과 정부만 내라." 시작은 1984년, 전라북도 완주군 가톨릭 농민회였다. 전두환 정권 시절, 땡전 뉴스(9시 시보가 '땡' 치면 '전'두환 대통령으로 시작하는 홍보 방송이 나오는 KBS 뉴스를 조롱하던 의미로 붙인 이름)로 불리던 TV 왜곡 보도에 대한 저항 차원에서 시청료 거부 운동을 선언한 것이다. 전라도의 작은 시골 마을 가난한 농부들이 시작한 KBS 시청료 거부 운동은 재야 운동 단체, 종교 단체들이 호응하면서 전국적인 민주화 운동으로 들불처럼 퍼져나갔다.

1986년 1월 KBS TV 시청료 거부 기독교 범국민운동본부가 발족했고, 같은 해 2월에는 범국민운동본부가, 같은 해 9월에는 시청료 거부 및 언론자유 공동대책위원회가 결성됐다. 그 결과 1984년 1256억 원까지 늘어났던 KBS 시청료 수입은 1987년 1012억 원, 1989년 790억 원으로 급감한다. 정권의 하수인으로 전락한 한국 공영 방송에 대한 시청자들의 심판은 강력했다. 당시 TV 시청료 거부 운동은 한국 사회에서 처음으로 공영 방송의 권력이 공영 방송의 주인인 시청자에게 있음을 보여주는 사례이기도 했다.

그리고 40년 가까운 세월이 지난 2023년, 대한민국에 또 하나의 시청료 거부 운동이 펼쳐지고 있다. 수신료로 이름이 바뀐 2023년 판 시청료 거부 운동에 불을 지핀 것은 시청자가 아니라 정부였다.

2023년 3월 대통령실은 KBS TV 수신료를 전기 요금과 분리 납부하는 방안을 대통령실의 대국민 소통 창구 '국민제안 홈페이지'에 올리며 사실상 수신료 거부 행동을 시작했다. 이 홈페이지 게시판에 올라온 댓글을 근거로 방송의 공정성, 방만 경영 등의 문제가 제기됐다며 방송법 시행령 개정에 착수한 것이 같은 해 6월, 그리고 수신료 분리 징수를 골자로 하는 방송법 시행령 개정안을 의결한 것이 7월이었다. 빨라도 너무 빠르고, 거칠어도 너무 거친 속전속결의 과정이었다.

수신료 징수 방식을 변경하려면 우선 시청자에게 그 의견을 묻는 게 당연한 순서다. 시청자의 의견을 묻는 과정은 대통령실의 '국민제안 홈페이지'에 한정되어 버렸고, 그 흔한 공청회 한 번 열리지 않았다. 공론 조사와 같은 창구는 고려

대상이 되지도 않았다. 통상 40일 이상인 입법 예고 기간도 10일로 단축했고, 그 입법 예고 기간에 접수된 의견도 무시됐다. 입법 예고 기간에 접수된 총 4746건의 의견 중 반대 의견은 4334건으로 89.2퍼센트에 달했는데, 방송통신위원회는 이 의견을 전혀 고려하지 않았다. 중요한 것은 정부의 의지일 뿐이었다.

공영 방송의 주인은 누구일까? 시청자일까, 정부일까? 40년 전 전두환 정부도, 현 정부도 공영 방송의 주인은 시청자가 아니라 정치권력이라고 생각하는 듯하다. 야당인 민주당, 언론 노조, 진보적 시민단체들은 이런 정부의 행보를 정권의 방송 장악이라 주장한다. 하지만, 사실 민주당 등 진보 진영이 정치권력을 잡고, 이 권력과 조응하는 노조가 공영 방송의 경영진에 자리 잡았을 때도 상황은 크게 다르지 않았다. 시청자가 주인이라는 생각은 실체 없는 관념, 수사적인 단어에 불과했다. 해고당한 전직 택시 운전사, 작가가 되겠다며 오늘도 희곡을 써 내려가는 희곡 작가, 자식을 잃은 부모, TV가 유일한 삶의 즐거움인 저소득층 노인, 그러니까 〈웰링턴 공작의 초상〉의 주인공 번턴 같은 시청자가 공영 방송의 주인이라는 생각은 우리 사회에서는 여전히 굉장히 낯선 상황이다.

모든 정치권력은 공영 방송 길들이기를 욕망한다. 그런데 분명한 것은 길들여진 공영 방송에게 미래는 없다는 것이다. 매우 진부한 표현이 되겠지만 공영 방송의 미래는 시청자에게 있다. 공영 방송이 왜 필요하고, 어떤 서비스를 제공해야 하고, 어떤 재원을 토대로 해야 하는지는 시청자들이 결정해야 한다. 우리 사회에서 번턴 같은 시청자들을 찾아내고 그들을 무대 중심에 올리는 것이, 낯설지만, 새로운 돌파구를 만들어 가는 첫걸음이 될 수밖에 없는 이유이다.

〈웰링턴 공작의 초상〉의 켐프턴 번턴은 법정 진술 중에 자신이 14살 때 바다에 빠졌을 때 경험담을 이야기한다. 해변에서 1.5킬로미터 떨어진 바다에 표류하면서도 누군가는 해변에 벗어둔 자신의 옷을 보고 나를 구하러 올 줄 확신했다고. 그러면서 다음과 같이 말한다.

"당신이 없으면 나도 없어요(I am not me without you.)"

서로 필요하다는 의미냐는 변호사의 질문에 "그게 아니라 당신이 그냥 나예요. 내가 나인 건 당신 덕분이고, 당신이 당신인 건 내 덕이죠"라고 덧붙인다.

시청자가 그냥 공영 방송이다. 이 단순한 명제로부터 한국 공영 방송의 새로운 챕터가 한 장 한 장 두껍게 써져야 한다. 대한민국 공영 방송의 모든 이야기와 권력은 시청자로부터 나온다.

주

1 _ 김영민, 〈추석이란 무엇인가〉, 《경향신문》, 2018. 9. 21.

2 _ 조지 레이코프(유나영 譯), 《코끼리는 생각하지 마》, 와이즈베리, 2015.

3 _ 강형철, 《공영 방송론: 한국의 사회 변동과 공영 방송》, 나남, 2004.
이준웅, 〈공적인 것, 정치적인 것, 그리고 불편한 것〉, 《한국방송학보》 23(2), 2009.,
485~525쪽.

4 _ 정영주 · 홍종윤, 〈공영 방송 거버넌스와 책무〉, 《공영 방송의 이해》, 한울아카데미,
2021., 269~306쪽.

5 _ 정영주 · 홍종윤, 〈한국 공영 방송 관련 법 개정 논의 과정의 특성과 정책적 함의:
KBS 관련 개정법률안을 중심으로〉, 《방송문화연구》 31(2), 2019., 69~112쪽.

6 _ 정영주 · 홍종윤, 〈한국 공영 방송 관련 법 개정 논의 과정의 특성과 정책적 함의:
KBS 관련 개정법률안을 중심으로〉, 《방송문화연구》 31(2), 2019., 69~112쪽.

7 _ 최선욱, 〈공영 방송 이사와 사장 임명의 제도변화와 정치적 취약성〉, 《언론정보연
구》 58(4), 2021., 129~172쪽.

8 _ 최선욱, 〈공영 방송 이사와 사장 임명의 제도변화와 정치적 취약성〉, 《언론정보연
구》 58(4), 2021., 129~172쪽.

9 _ 정영주 · 홍종윤, 〈한국 공영 방송 관련 법 개정 논의 과정의 특성과 정책적 함의:
KBS 관련 개정법률안을 중심으로〉, 《방송문화연구》 31(2), 2019., 69~112쪽.
정준희, 〈시민사회 확장을 통한 정치적 후견주의의 제어: 민주적 공고화 맥락에서의 한
국 공영 방송 거버넌스 개혁〉, 《언론정보연구》 55(1), 2018., 56~118쪽.
최선욱, 〈공영 방송 이사와 사장 임명의 제도변화와 정치적 취약성〉, 《언론정보연구》
58(4), 2021., 129~172쪽.

10 _ 헌법재판소, 2008. 2. 28. 선고 2006헌바70 결정.

11 _ 헌법재판소, 2008. 2. 28. 선고 2006헌바70 결정.

12 _ 김동규, 〈공영 방송의 재원과 책무의 재구성- 수신료 현실화 논의를 중심으로〉, 《미디어 빅뱅 시대, 한국방송을 말하다》, 2010., 63~93쪽.
정연우, 〈공영 방송의 정체성과 수신료 인상의 정당성에 관한 논의〉, 《방송통신연구》 70, 2010., 60~84쪽.
최세경, 〈국내 공영 방송 수신료 인상의 타당성에 관한 연구〉, 《방송문화연구》 27(2), 2015., 159~193쪽.

13 _ 김동규, 〈공영 방송의 재원과 책무의 재구성- 수신료 현실화 논의를 중심으로〉, 《미디어 빅뱅 시대, 한국방송을 말하다》, 2010., 63~93쪽.
정연우, 〈공영 방송의 정체성과 수신료 인상의 정당성에 관한 논의〉, 《방송통신연구》 70, 2010., 60~84쪽.
조항제, 〈한국 공영 방송의 역사적 발전과정과 정체성〉, 《공영 방송의 이해》, 한울아카데미, 2012., 79~118쪽.
최세경, 〈국내 공영 방송 수신료 인상의 타당성에 관한 연구〉, 《방송문화연구》 27(2), 2015., 159~193쪽.

14 _ 헌법재판소, 2008. 2. 28 선고. 2006헌바70 결정.

15 _ 제19대 국회 제324회 임시회, 〈미래창조과학방송통신위원회 회의록 제2호〉, 2014. 5. 8.

16 _ 17대 국회 천영세 의원안(2004. 10. 22.)의 수신료 위원회, 18대 국회 이병석 의원안(2012. 3. 5.)과 허원제 의원안(2012. 4. 19.)에서 제안된 수신료 산정 위원회, 19대 국회 노웅래 의원안(2014. 12.)의 공영 방송 수신료 위원회 등이 대표적이다. 여야를 막론하고 발의된 바 있는 수신료 산정 위원회 설립안은 20대 국회 이후에는 전혀 등장하지 않고 있다.

17 _ 이인용, 〈방송법 일부개정법률안 검토보고서- 노웅래 의원 대표발의(2014. 1. 2)〉, 2014. 5.

18 _ 김용호, 〈글로벌 경쟁력 강화를 위한 방송의 체질 개선목〉, 《미디어 빅뱅 시대, 한국방송을 말한다》, 2010., 37~58쪽.
방정배 · 최세경, 〈한국 공영 방송 경영평가제도에 관한 연구〉, 《방송문화연구》 15(2), 2003., 185~220쪽.
이민웅 외 3인, 〈방송사업자의 경영효율성 제고를 위한 제도적 방안에 관한 연구〉, 방송통신위원회 정책 2009-01, 2009. 11.

19 _ 방정배 · 최세경, 〈한국 공영 방송 경영평가제도에 관한 연구〉, 《방송문화연구》 15(2), 2003., 185~220쪽.
이민웅 외 3인, 〈방송사업자의 경영효율성 제고를 위한 제도적 방안에 관한 연구〉, 방송통신위원회 정책 2009-01, 2009. 11.

20 _ 방송법 제51조(집행기관의 직무등) ①사장은 공사를 대표하고, 공사의 업무를 총괄하며, 경영성과에 대하여 책임을 진다.

21 _ 오형일 외 2인, 〈공영 방송 KBS의 경영 현황과 책무 재설정: 수신료 정상화 담론과 방만 경영 담론을 넘어〉, 《방송통신연구》 113, 2021., 59쪽.

22 _ 오형일 외 2인, 〈공영 방송 KBS의 경영 현황과 책무 재설정: 수신료 정상화 담론과 방만 경영 담론을 넘어〉, 《방송통신연구》 113, 2021., 61쪽.

23 _ 조항제, 〈공영 방송 반세기, 선 자리와 갈 길〉, 《방송문화연구》 35(1), 2023., 7~49쪽.

24 _ 오형일 외 2인, 〈공영 방송 KBS의 경영 현황과 책무 재설정: 수신료 정상화 담론과 방만 경영 담론을 넘어〉, 《방송통신연구》 113, 2021., 53~92쪽.

25 _ 연도별 경제 성장률의 측정은 명목 GDP가 아니라 시장 가격을 2015년 기준으로 동일하게 적용한 실질 GDP로 계산한다. 이는 물가 변동에 따른 연도별 변동성을 통제하고, 순수하게 경제 성장의 증감을 보여주기 때문이다.

26 _ 노지민, 〈8월 TV수신료 22억 감소… 분리징수 여파 본격화〉, 《미디어오늘》,

2023.09.11.

실제로, 2023년 7월 방송법 시행령 개정 이후 8월분 TV수신료 총수입액은 전년 동기 580억 원대에서 약 21억 7000만 원, 약 3.7퍼센트 감소한 560억 원대로 집계됐다. 수신료 수입 감소분에 가구당 월 수신료인 2500원을 단순 대입하면 약 86만 8000가구가 수신료를 내지 않은 셈이다.

27 _ 고성욱, 〈넷플릭스, 지난해 8000억 투자했는데 4년 3조 3000억 투자 유치?〉, 《미디어스》, 2023. 4. 25.

28 _ KBS한국방송, 〈2022 사업연도 경영평가보고서〉, 2023. 6., 111쪽.

29 _ KBS한국방송, 〈2022 사업연도 경영평가보고서〉, 2023. 6.

위 문헌에 따르면, 21년 기준 MBC의 총비용 대비 인건비 비중은 26퍼센트(서울 26퍼센트, 지역+계열사 포함 33퍼센트), SBS의 인건비 비중은 20퍼센트(서울 20퍼센트, 계열사 포함 29퍼센트)다.

KBS의 경우 여타 지상파 채널에 비해 TV 기준 2배, 라디오 기준 3배 이상의 채널을 운영하고 있고, 재난 방송, 난시청 해소, 지역 방송 등 수행해야 할 공적 책무 등이 많다는 점을 고려할 때, 타사와의 인건비 비중을 단순 비교하는 것은 무리가 있다. 해외 공영방송사의 경우도 국가마다 공적 책무의 성격이 달라 2021년 기준 인건비 기준이 ARD(독일) 34퍼센트, BBC(영국) 27퍼센트, NHK(일본) 24퍼센트 등 국가마다 천차만별이다. 하지만 사회적인 통념상 인건비 비중이 30퍼센트를 넘는 것은 KBS가 여론의 비판을 받게 되는 주된 이유다.

30 _ 최영주, 〈1000억 적자 KBS, 프로그램 폐지·축소 등 '비상경영'〉, 《CBS노컷뉴스》, 2019. 7. 18.

31 _ 여기서 공영 방송이 실제로 상업 방송과 다른 서비스를 제대로 제공하고 있는가는 별도의 문제이다. 정말 차별성도 없고 더 이상 필요성이 없다고 사회적 합의가 이뤄진다면 공영 방송 제도 자체를 없애도 된다. 실제로 미국은 국가 단위 차원의 기간 공영방송이 없는 대표적인 국가다.

32 _ 헌법재판소, 2008. 2. 28. 선고 2006헌바70 결정.

33 _ 통계청 '2022년 인구주택총조사' 결과에 따르면 우리나라 공동 주택의 거주 비율은 79퍼센트에 달한다. 현실적으로 현재 TV 수상기 등록이나 징수 업무는 공동 주택 관리 사무소와 징수 대행 기관인 한전 사이에서 처리되는 경우가 많기 때문에 일반 국민들이 인지하기 어렵다.

34 _ 수신료 납부 가구 수의 증가가 수신료 총액 증가의 가장 큰 원동력이었다.

35 _ 프랑스 공영 방송은 정부 소유 방송사 형태로 정치적 영향을 많이 받는 거버넌스 구조를 지니고 있다.

36 _ 2023년 10월 이후 인하한 월 수신료 금액은 지상파 계약은 1100엔, 위성 계약은 1590엔이다.

37 _ 2023년 12월부터 위성채널인 BS1과 BS프리미엄을 통합해 NHK BS로 방송한다.

38 _ 방송법 제5조(방송의 공적 책임)
①방송은 인간의 존엄과 가치 및 민주적 기본질서를 존중하여야 한다.
②방송은 국민의 화합과 조화로운 국가의 발전 및 민주적 여론형성에 이바지하여야 하며 지역간·세대간·계층간·성별간의 갈등을 조장하여서는 아니된다.
③방송은 타인의 명예를 훼손하거나 권리를 침해하여서는 아니된다.
④방송은 범죄 및 부도덕한 행위나 사행심을 조장하여서는 아니된다.
⑤방송은 건전한 가정생활과 아동 및 청소년의 선도에 나쁜 영향을 끼치는 음란·퇴폐 또는 폭력을 조장하여서는 아니된다.

39 _ 방송법 제6조(방송의 공정성과 공익성)
①방송에 의한 보도는 공정하고 객관적이어야 한다.
②방송은 성별·연령·직업·종교·신념·계층·지역·인종등을 이유로 방송편성에 차별을 두어서는 아니 된다. 다만, 종교의 선교에 관한 전문편성을 행하는 방송사업자가 그 방송분야의 범위 안에서 방송을 하는 경우에는 그러하지 아니하다.
③방송은 국민의 윤리적·정서적 감정을 존중하여야 하며, 국민의 기본권 옹호 및 국제 친선의 증진에 이바지하여야 한다.
④방송은 국민의 알권리와 표현의 자유를 보호·신장하여야 한다.

⑤방송은 상대적으로 소수이거나 이익추구의 실현에 불리한 집단이나 계층의 이익을 충실하게 반영하도록 노력하여야 한다.

⑥방송은 지역사회의 균형 있는 발전과 민족문화의 창달에 이바지하여야 한다.

⑦방송은 사회교육기능을 신장하고, 유익한 생활정보를 확산·보급하며, 국민의 문화생활의 질적 향상에 이바지하여야 한다.

⑧방송은 표준말의 보급에 이바지하여야 하며 언어순화에 힘써야 한다.

⑨방송은 정부 또는 특정 집단의 정책등을 공표하는 경우 의견이 다른 집단에 균등한 기회가 제공되도록 노력하여야 하고, 또한 각 정치적 이해 당사자에 관한 방송프로그램을 편성하는 경우에도 균형성이 유지되도록 하여야 한다.

40 _ 공영 방송의 개념을 확장하여 국민의 일상생활 영위에 필수적인 공공 서비스라는 차원에서 소유권이나 경영 방식보다는 서비스, 방송의 결과물을 강조하는 공공 서비스 방송(public service broadcasting) 개념을 도입하고 이에 해당하는 방송 사업자들을 세분하자는 논의들도 제기되어 왔다. 공영 방송을 공공 서비스 방송 개념으로 확장함으로써 방송의 공적 영역을 확산하고 공적 영역과 사적 영역에 대한 차별적 규제를 통해 방송 산업 전반의 활성화를 기대할 수 있다는 것이다. 공공 서비스 방송에는 지상파 방송 외에도 보도 전문 채널이나 종합 편성 채널, 정부 또는 지자체가 출자한 공공 채널 등이 포함될 수 있다.

강형철, 〈한국방송정책의 공익성 실현방안〉, 《새 정부의 방송정책 방향성 모색- 방송학회 세미나 자료집》, 2007. 12. 27., 38~58쪽.

강형철, 〈방송통신융합 시대의 공영방송 규제: '공공방송위원회' 모델〉, 《방송문화연구》 20(1), 2008., 7~34쪽.

강형철, 《공영 방송 재창조: 공영 방송에서 공영미디어로》, 나남, 2012.

강만석·오경수, 〈방통융합 시대의 공공 서비스 방송 정책방안〉, 《KBI포커스》 9, 2006.

윤석민, 〈다채널 디지털 시대 새로운 방송 공공성 이념의 모색〉, 《공영 방송과 공공성 이념의 과거, 현재 그리고 미래- 방송학회 세미나 자료집》, 2011. 3. 4.

41 _ 방송통신위원회, 〈2022년도 방송사업자 재산상황 공표집〉, 2023. 6.

42 _ 조항제, 《한국 방송의 역사와 전망》, 한울아카데미, 2003.

43 _ 조항제, 〈한국 공영 방송의 발전과정과 정체성〉, 《공영 방송의 이해》, 한울아카데

미, 2012., 79~118쪽.

44 _ 윤석민, 〈다채널 디지털 시대 새로운 방송 공공성 이념의 모색〉, 《공영 방송과 공공성 이념의 과거, 현재 그리고 미래 자료집》, 2011. 3. 4.

45 _ 다음은 MBC 홈페이지 중 '미디어 공공성' 페이지에 나와 있는 문구이다.
공영 방송 MBC의 역사 속에는 한국 방송의 총체적 역사가 오롯이 담겨 있습니다. 공영 방송 MBC는 상법에 의한 주식회사로 설립되었으나 공적책무를 구현하도록 특별법으로 규율받는 '주식회사형 공기업'입니다. 1961년 민간상업방송으로 출범한 후 1980년 언론통폐합 조치에 따라 소유형태가 전환되었으며, 1988년 방송문화진흥회법 제정 및 방송문화진흥회 설립으로 명실상부 우리나라 양대 공영 방송의 주축이 되었습니다.

46 _ 조항제, 《한국 공영 방송의 정체성》, 컬처룩, 2014.

47 _ 강상현, 〈공·민영 체계 개편 및 공영 방송 지배구조 개선 방안〉, 《방송문화연구》 25(1), 2013., 39~74쪽.

48 _ 강형철, 〈방송통신융합 시대의 공영 방송규제: '공공방송위원회' 모델〉, 《방송문화연구》 20(1), 2008., 7~34쪽.
강형철, 《공영 방송 재창조: 공영 방송에서 공영미디어로》, 2012., 나남.
방정배 외 3인, 〈방송통신융합시대 공영 방송 규제 제도화 방안: 거버넌스 및 책무성 시스템 논의를 중심으로〉, 방송통신위원회, 2008.

49 _ BBC, 〈The Serota Review: BBC editorial processes, governance, and culture〉, 2021. 10.

50 _ BBC, 〈IMPARTIALITY AND EDITORIAL STANDARDS〉, 2021. 11.

51 _ BBC, 〈Review of the impartiality of BBC coverage of taxation, public spending, government borrowing and debt〉, 2023. 1.

52 _ BBC, 〈BBC Thematic Review of Migration〉, 2023. 4.

53 _ 이민웅 외 3인, 〈방송사업자의 경영효율성 제고를 위한 제도적 방안에 관한 연구〉, 방송통신위원회 정책 2009-01, 2009. 11.

54 _ 한국방송공사, 〈텔레비전방송수신료 조정(안)〉, 2021. 7. 1.

55 _ 정영주 외 2인, 공영 방송 협약 제도 도입 방안 연구〉, 《언론정보연구》 59(4), 2022., 59~122쪽.

56 _ 방송통신위원회 방송제도개선 추진반, 〈중장기 방송제도개선 추진반 정책제안서〉, 2020. 3. 18.

57 _ Ofcom, 〈Recommendations to government on the future of public service media〉, 2021. 7.

58 _ National Audit Office, 〈BBC Savings and Reform〉, 2021. 12.

59 _ National Audit Office, 〈The BBC's strategic financial management〉, 2021. 1.

60 _ 감사원, 〈감사보고서- 한국방송공사의 위법·부당 행위 관련(국민감사청구)-〉, 2023. 5. 1.

61 _ 이사회는 공적 책임에 관한 사항, 방송의 기본 운영 계획, 예산·자금 계획, 예비비의 사용 및 예산의 이월, 결산, 경영 평가 및 공표, 사장·감사의 임명 제청 및 부사장 임명 동의, 지역 방송국의 설치 및 폐지, 기본 재산의 취득 및 처분, 장기 차입금의 차입 및 사채의 발행과 그 상환 계획, 손익금의 처리, 다른 기업체에 대한 출자, 정관의 변경, 정관으로 정하는 규정의 제정·개정 및 폐지, 그 밖에 이사회가 특히 필요하다고 인정하는 사항에 대한 심의·의결 기능을 수행한다.

62 _ 심영섭, 〈공영 방송의 대안적 재원과 재원산정구조의 모색〉, 《한국언론정보학보》 72, 2015., 121~145쪽.

63 _ 이하 영국, 독일, 프랑스, 일본의 수신료 관련 논의는 아래 문헌을 참조.
홍종윤 외 4인, 〈해외 공영 방송에 대한 규제 정책 및 동향 분석〉, 방통융합정책연구
KCC-2022-33, 2022.

64 _ République Française IGF·IGAC, 〈Réforme du financement de l'audiovisuel public〉, 2022. 6.

65 _ 신삼수·봉미선, 〈공영 방송 TV수신료 연구에 대한 메타분석〉, 《정치커뮤니케이션 연구》 54, 2019., 101~151쪽.

66 _ 신삼수·봉미선, 〈공영 방송 TV수신료 연구에 대한 메타분석〉, 《정치커뮤니케이션 연구》 54, 2019., 101~151쪽.

67 _ KBS 이사회·공적 책무와 수신료 공론화 위원회, 〈2021 KBS 공론조사 백서- 국민께 듣는 공적 책임과 의무〉, 2021.

68 _ 노지민, 〈8월 TV수신료 22억 감소… 분리징수 여파 본격화〉, 《미디어오늘》, 2023.09.11.

69 _ 강형철, 《공영 방송론: 한국의 사회 변동과 공영 방송》, 나남, 2004.
이준웅, 〈공적인 것, 정치적인 것, 그리고 불편한 것〉. 《한국방송학보》 23(2), 2009., 485~525쪽.
정준희, 〈한국 공영 방송 제도의 이상과 현실- 복수 해답으로서 공영 방송 제도와 한국적 경로에 대한 모색〉, 미디어공공성포럼 2010년 제1차 정기워크숍 발제문, 2010.

70 _ 강형철, 《공영 방송론: 한국의 사회 변동과 공영 방송》 나남, 2004.
이준웅, 〈공적인 것, 정치적인 것, 그리고 불편한 것〉, 《한국방송학보》 23(2), 2009., 485~525쪽.
정준희, 〈한국 공영 방송 제도의 이상과 현실- 복수 해답으로서 공영 방송 제와 한국적 경로에 대한 모색〉, 미디어공공성포럼 2010년 제1차 정기워크숍 발제문, 2010.
공영 방송 제도는 특정 사회의 역사 속에서 당대의 정치적·사회적·경제적·기술적 조건 아래 변화해 왔다.

영국은 1922년 라디오 수신기 제조업자들이 모여 설립한 사기업 컨소시엄 형태의 BBC가 공익적이지 못하다는 비판을 수렴하여 크로포드(Crawford) 위원회가 제안한 '공사(public corporation)형 국익의 수탁자(trustee for the national interest)' 모델을 받아들여 영국 국왕이 부여하는 칙허장Royal Charter을 근거로 한 공영 BBC가 1927년 발족하였다. 의회가 제정한 법률이 아닌 국왕의 칙허장(Royal Charter)을 근거로 한 것은 구조적으로 정부로부터 독립적이기 위함이다.

제2차 세계대전 이후 독일은 나치 시대 국영 방송에 대한 반성과 연합국의 압력이 크게 작용해 방송을 국가로부터 독립한 주체에 맡겨야 한다는 입장에서 새로운 방송 질서의 구축을 시도했다. 방송의 설립권을 연방에서 주(州)로 넘기고 방송의 지방 분권을 도입함으로써 다양성을 유지하도록 했으며, 공영 방송의 법적 형태를 공법상의 영조물(offentliche Anstalt)로 함으로써 방송법의 제정에 있어서 독일적 특성을 부여했다. 독일법에서의 '영조물'이란 공익 목적의 지속 실현을 위한 인적·목적 종합 시설물로써, 영조물로써 공영 방송은 자치 행정권이 보장되기에 독립성 및 정치적 중립성 확보에 유리하다.

일본의 경우 2차 세계 대전 후 미군정이 일본의 방송을 공·민영 이원 체제로 재편하면서 사실상의 관영 방송이었던 NHK를 정부로부터 분리해 '공공법인체적 특수법인'으로 재구성했다. NHK의 위상은 일본 방송법 제2장에 규정되어 있으나 법적으로 공영 방송에 대한 정의가 명확히 내려진 것은 아니며 방송법 제7조에 NHK의 설립 목적으로 '공공의 복지를 위해서, 보편적으로 일본 전국에서 수신할 수 있도록 풍부하고 양질의 방송 프로그램에 의한 국내 방송을 하거나 또는 해당 방송 프로그램을 위탁해 방송하도록 함과 동시에, 방송 및 그 수신의 진보 발달에 필요한 업무를 하고, 아울러 국제 방송 및 위탁 협회 국제 방송 업무를 하는 것'을 제시하고 있다.

71 _ 정은진, 〈영국 BBC 공영 방송의 칙허장 갱신: 공영 방송 지배구조와 규제체계 변화를 중심으로〉, 《정보통신방송정책》 29(4), 2017., 1~26쪽.

72 _ BBC 칙허장 참조. Broadcasting: copy of the Royal Charter for the continuance of the British Broadcasting Corporation, 2016.

73 _ 이준웅, 〈변화하는 시대의 매체 공공성 규제체계〉. 한국방송학회 세미나 《변화하는 미디어 환경에서의 바람직한 정책방향 모색》 자료집, 한국방송회관, 2021. 3. 24.

영화 〈누구의 딸도 아닌 해원〉에서 주인공 해원은, 책값을 주고 싶은 만큼만 줘도 된다는 말에 이렇게 대답한다. "그런데, 그럼 제가 너무 드러나잖아요."

가격이 정해진 물건을 사는 게 아니라, 내가 가격을 정해야 한다. 책의 가격을 정할 때 드러나는 것은 나의 취향과 안목, 지적 소양 및 경제적 수준, 타인에 대한 고려와 성격 등이다. 즉, '얼마를 지불할까'라는 질문에서 호기심은 판단 대상이 아니라 주체를 향한다. 책만이 아니다. 모든 재화와 서비스에 있어 가치를 판단하는 행위는 판단의 대상이 아닌 그 주체를 더 많이 드러내게 마련이다.

2500원. 40년 이상 유지해 온 공영 방송 수신료 값어치역시 공영 방송의 가치 그 자체가 아니라, 이를 바라보고 판단하는 우리 사회를 드러낸다. 방만 경영과 편파 방송이라는 프레임 속에서 KBS는 그 2500원마저 받아서는 안 될 것처럼 낙인찍혔다. 수신료는 '안 내는 게 정당한 저항'이라는 수사를 통해 '안 내도 괜찮을 것 같은' 징수 방식으로 속전속결 개편됐다.

KBS가 더 잘했어야 하는 것 아닌가. 질문이 따라 붙을 것이다. 그런데 '잘한다'는 말은 모호하다. 무엇을, 어떻게라는 기준이 있어야 한다. 그 모호한 기준에 대해 우리는 구체적인 질문을 던져본 적이 있는가.

2021년 한국방송공사 국정감사에서 가장 화제가 된 질문은 "KBS는 왜 〈오징어 게임〉 못 만드나"였다. 이 질의가 있은 후 한국방송학회는 토크 콘서트를 개최했고 많은 지면이 'KBS는 왜'로 채워졌다. 그러나 이에 대한 정답은 간단하다. KBS가 공영 방송이기 때문이다. 현실적으로 KBS는 제작비가 어마어마하게 많이 들고, 투자한 이상의 금전적 가치를 창출해 내기 위한 콘텐츠를 만들기 어렵다. 선정적이고 폭력적인 콘텐츠에 대한 심의 기준도 걸림돌이 된다.

간단하게 해결될 질문에 반응이 뜨거웠던 이유는 그 저변에 깔린 '방송은 〈오징어 게임〉 같아야 한다'는 규범적 인식 때문이다. 여기에는 많은 사람이 보고, 해외로 퍼져 나가 유행을 선도하며, 수익을 창출하고 한국의 위상을 높이는 것이 좋은 방송이라는 대전제가 깔려 있다. 국회는 민의가 모이고 대변되는 곳이다. 공론장에서 이러한 질문의 나왔다는 것에 주안점을 두자면, 우리 사회가 어떤 방송 콘텐츠를 높은 값어치를 매기는지가 드러난다. 그러나 공공재인 전파를 사용하고 남녀노소 외국인까지 누구나 즐길 수 있어야 하는 방송이 그 파급력과 영향력만으로 평가되는 것은 괜찮을까. 궁극적으로 공영 방송이 어떤 책임을 져야 하는지에 대해 논하는 《KBS 죽이기》의 질문과도 이어진다.

《KBS 죽이기》는 현재 공영 방송과 관련하여 진행되고

있는 일련의 사건을 중계하는 책도, 싸움의 판돈을 올리는 책
도 아니다. 다만 우리 사회가 지금까지 깊게 고민해 본 적 없
는, 공영 방송의 역할에 대해서 처음으로 질문을 던지는 책이
다. 실존적 위기가 눈앞으로 다가온 지금에서야 그 실존에 대
한 질문을 던진다. KBS에 필요한 진짜 변화는 무엇인가. KBS
는 정권이 아니라 시민을 위한 방송이 될 수 있는가.

백승민 에디터